中国古代人才思想丛书

中国历代人才思想与制度简编

王通讯 编著

党建读物出版社

序　言

祖国历史悠久，文化光辉灿烂，各类经书典籍让人目不暇接。在我研究人才学的过程中，经常看到一些经典性的论述令人驻足、令人动容，往往随即拿出笔来将其记录下来以备后用。天长日久，竟有了厚厚的一叠。再往后，则有了将其加以分类编排的想法，于是，便有了今天这套《中国古代人才思想丛书》的面世。

翻阅一下目录，就可以看到本套丛书的大致结构。“中国古代人才思想”特别是关于重才聚才识才用才的传统智慧与实践是一个内在的总的统领，由三个分册组成：第一册为“中国历代人才思想与制度简编”，基本上把中国历代人才思想脉络以及历代人才制度沿革厘清了，便利读者从宏观大跨度上把握我国人才思想和制度的发展过程。第二册为“中国历代名人人才思想汇编”，汇聚了我国历代著名人物有关人才问题的论述，展现了我国历史上著名人物的人才观，特别是他们关于人才制度建设和人才问题的独特见解。第三册为“中国历代经典人才论述类编”，所选条目是按照不同主题和时间排列的。这样不仅便于查找，也容易看出每一个主题思想的历史发展轨迹。或者这样说：第一册是线式（纵向）的论述；第二册是点式（人物）的论述；第三册是面式（主题）的论述。有点、有线、有面，基本上做到全面立体了。

世界上的一些有识之士认为，中华优秀传统文化中蕴藏着解决当代人类面临难题的重要启示。我们就是要学会借鉴传统智慧，解决当前问题，学会在新的历史条件下识人、用人，把中华大地上最为宝贵的人才资源开发好、组织好、使用好，使其爆发出振兴中华的巨大能量！

在编写这套丛书的过程中，我经常从心底涌现出一种民族自豪感，自认为我们祖先人才思想之深刻性与系统性，是世界其他国家难以匹比的。同时，我也深感自己的挖掘、理解与梳理工作做得还远远不够，希冀着有更多年轻学者能够关注这个有价值的领域，做出更多更好的工作。

任何经典论述，从其产生的当时情况看，都具有合理性，包含着一定的真理。这是其可贵的一面。但这以后，历史还在不断发展进步，又会遇到如何结合当时实际理解运用的一面。所以在阅读这些文字的时候应该注重把握其精神实质。

在这套丛书即将面世的时候，我应该对山西省社会科学研究院的楚刃老师表示特别的感谢。这是因为楚老师不仅对我所引用的古文进行过仔细的校正，而且对这套丛书内容的编排提出过很好的建议。所有这一切，都基于他多年来对中国人才史的深研功夫和其助人为乐的精神。

我还应该对党建读物出版社的郭涛同志表示衷心感谢。在审阅书稿的过程中，他不仅对一些难以把握的内容提出过中肯的修改意见，而且对所引文字进行了缜密的审核。没有他的严格把关，这套丛书是很难完成的。在此，我也向对这套丛书的出版给予关心帮助的所有同志一并表示衷心的谢意。

王通讯

2024 年 4 月 16 日于海棠在望书斋

目　录

一、原始社会至西周时期　/1

（一）远古时代的人才乐园　/1

（二）夏商周进入阶级社会　/6

（三）夏商周的官吏管理与监察　/11

（四）周代的人才发现与选拔　/12

（五）中国官吏等级体系的肇端　/15

二、春秋战国时期　/16

（一）春秋战国是怎样一个时代　/16

（二）百家争鸣盛事空前　/18

（三）春秋战国人才活跃的原因　/26

（四）春秋战国之人才佳话　/31

（五）秦国能够统一中国的人才因素　/34

（六）春秋战国时期的人才制度　/35

三、秦汉时期　/43

（一）秦汉时期的人才制度变迁　/43
（二）刘邦得天下的人才因素　/48
（三）两汉时期人才事典　/50
（四）汉武帝刘彻广开进才之路　/54
（五）两汉时期大规模培养人才　/56
（六）两汉时期的人事制度创新　/58

四、三国两晋南北朝时期　/61

（一）选人机制的倒退：九品中正制　/62
（二）吏部的出现与演化　/66
（三）两位人才理论家：刘劭与崔亮　/68
（四）东晋葛洪对人才埋没现象的剖析　/71
（五）魏晋玄学与怪才丛生　/73
（六）魏晋时期影响较大的人才事典　/76

五、隋唐五代时期　/78

（一）隋文帝整吏治、创科举　/78
（二）隋炀帝恃才刚愎而亡国　/79
（三）唐代盛世空前的人才繁荣　/80

（四）唐代对官员的任用与考核　/86
（五）唐代以开放政策集聚人才　/88
（六）可叹的人才错位：南唐后主李煜　/90

六、两宋时期　/91

（一）“陋宋”的真相　/91
（二）宋太祖立“不杀士大夫”誓碑　/93
（三）宋朝两次变法中的人才新政　/96
（四）宋代对选人用人制度的改进　/99
（五）宋代文化教育发达状况　/101
（六）宋代是个人才流动性最强的社会　/104
（七）人才现象：科学家沈括的两面人生　/106

七、元代时期　/109

（一）元代是怎样一种社会状况　/109
（二）忽必烈对旧有用人政策的调整　/111
（三）元代人才政策的三个倒退　/113
（四）元代对技能人才的空前重视　/115
（五）元代科技艺术人才的兴盛　/117

八、明代时期　/121

（一）明代社会与人才总况　/121

（二）朱元璋时期的人才政策　/121
（三）确立八股：科举走进死胡同　/126
（四）明代升起的四颗科技明星　/127
（五）明代军队实行“卫所制”　/131
（六）黄宗羲其人其事　/132

九、清代时期　/135

（一）清代社会与人才状况　/135
（二）精心设计促进汉人归化　/136
（三）洋务运动、戊戌变法中的人才主张　/138
（四）留学生、女学堂与外交官　/140
（五）近代学制初步奠定　/142
（六）过渡时期政策：两种人都给出路　/143
（七）封闭僵化的人才政策　/144
（八）清代人才事典　/146

附录：本书参考文献　/149

一、原始社会至西周时期

（一）远古时代的人才乐园

1. 石器时代：三皇五帝社会

自从盘古开天地，三皇五帝至于今。我们中国人讲历史，总是从远古讲起，其实都是一些神话。三皇是指燧人、伏羲、神农（《尚书大传》），或伏羲、神农、黄帝（《古微书》）。五帝是指黄帝、颛顼、帝喾、尧、舜（《大戴礼记》）。在那个时期，"神农赫胥之时，以石为兵"（《越绝书》卷十一）。

1860 年，丹麦国家博物馆首次将这个时期称为"石器时代"。之后才出现了铜器时代、铁器时代。现在有人认为是进入了"第二次石器时代"。

2. 远古递进的阶梯：不断进化

我国学者周非，将这一段时期划分为十个阶梯：

第一阶梯，石器时代，代表人物女娲。

第二阶梯，安居肇始，代表人物有巢氏。

第三阶梯，火的发明，代表人物燧人氏。

第四阶梯，符号记事，代表人物伏羲。

第五阶梯，农耕初创，代表人物神农。

第六阶梯，青铜时代，代表人物蚩尤。

第七阶梯，创立制度，代表人物黄帝。

第八阶梯，道德感召，代表人物尧。

第九阶梯，组织管理，代表人物舜。

第十阶梯，国家出现，代表人物大禹。

3. 远古知识分子的乐园

在黄帝时期，建立了“官制”，其中包括设立了创造知识的专门机构，把所有的知识分子都放到了相应的“官位”上。据《史记》等文献记载，黄帝的官位体系分为三类。

第一类为“监国”（置左右大监，监于万国）。

第二类为中央政府机构官员（有天、地、神、祇、物之官，谓之五官。各司其序，不相乱也）。

第三类为技术性官员（羲和占日、常仪占月、臾区占星气、伶伦造律吕、大挠作甲子、隶首作算术、后羿做弓箭、伯益掘井、夷做鼓、仓颉造字、嫘祖养蚕缫丝、岐伯研究养生医药）。

“国之大事在祀与戎”，所以主持祭祀之人，包括巫师可能是最早的知识分子的代表人物。(《左传》)

4. 尧舜禹时期的人事制度

（1）禅让制。选贤任能，实行禅让。实际上复杂。

（2）终身制。这对后来的官制产生深远影响。

（3）官吏制。尧首创“设官分职”。《尚书》记载，在尧舜两代，官职有一百来个。禹将全国分为九州，为六个行政主管部门配备了僚属，称为“六部”“六卿”。这一时期，职务由民主推选方式获得（选贤与能），但有家族独占倾向。

（4）重要人事考核的开端。

《尧典》上说，帝曰：“咨！四岳，汤汤洪水方割，荡荡怀山襄陵，浩浩滔天。下民其咨，有能俾乂？”佥曰：“于，鲧哉！”帝曰：“吁！咈哉，方命圮族。”岳曰：“异哉！试乃可已。”帝曰：“往！钦哉！”九载，绩用弗成。

翻译成现代汉语就是：“喂！四方诸侯之长，现在滚滚洪水正造成祸害，滔天洪水包围了山岭，冲上了高岗，水势大极了！在下的臣民都愁苦叹息，有谁能治理洪水，使人民安居乐业呢？”大家都说：“哦，还是让鲧来负起责任吧！”帝尧说：“这个人常常违背法纪，不遵守命令，危害同族的人。”四方诸侯之长说道：“不如这样吧，试验他一下，如果可用，然后再任命他好了。”帝尧说：“去吧，鲧，可要恭敬地对待你的职务啊！”鲧治水九年，毫无功绩。

《舜典》上说，“格！汝舜。询事考言，乃言底可绩！”

翻译成现代汉语就是：好一个舜！考察你的事迹，听取你的言论，完全可以继位！

《尚书·皋陶谟》上说“知人则哲，能官人”。意思就是：能够知人，是聪明人。这样的人，能够把职务授予有才能的人。

5. 皋陶论当官必先有德

在《尚书·皋陶谟》中，记录了皋陶（舜的刑官）对人之德的看法。他说，德分九种：

（1）宽而栗（宽容而又谨慎）；（2）柔而立（柔和而又有主见）；（3）愿而恭（忠厚而又庄重）；（4）乱而敬（有才干而又不傲慢）；（5）扰而毅（能听取他人意见而又刚毅）；（6）直而温（正直而又温和）；（7）简而廉（直率而又廉洁）；（8）刚而实（刚正而又充实）；（9）强而义（坚强而又懂得道义）。这可以说，是中国最早的一个干部“道德标准”。

6. 后世儒家理想的社会图景

大道之行，天下为公。选贤与能，讲信修睦。故人不独亲其亲，不独子其子。老有所终，壮有所用，幼有所长，矜寡孤疾皆有所养。货恶其弃于地，不必藏于己；力恶其不出于身也，不必为人。是以奸谋闭而不兴，盗窃乱贼不作。故外户而不闭，谓之大同。(《礼记·礼运篇》)

这是西汉戴德所描绘的“夏”之前的理想社会。其实，带有相当的虚幻性。

夏朝王位世袭是私有制的起源。后世儒家将夏禹作为小康之世的开端，以区别于以前的大同之世。大同就是“天下为公”，小康就是“天下为家”。

康有为对大同社会的解释

康有为在解释大同社会的时候，还辅以“三世”说。其实，他是在讲，大同社会的实现不能急，需要经过三个阶段：第一为“据乱世”，第二为“升平世”，第三为“太平世”。到了太平世，方能够讲大同。对于历史的发展阶段，不能“躐等以求”，否则，将“陷天下于洪水猛兽”。

康有为关于不能超越发展阶段的思想是值得称赞的。

（二）夏商周进入阶级社会

1. 社会分层：天有十日，人有十等

夏商周时期，我国进入奴隶社会。“下所以事上，上所以共神也。故王臣公，公臣大夫，大夫臣士，士臣皂，皂臣舆，舆臣隶，隶臣僚，僚臣仆，仆臣台。”（《左传·昭公七年》）

贵族包括：王、诸侯、大夫、士。诸侯分公侯伯子男五等。

平民即庶人。包括皂、舆、隶、僚、仆、台六等。

自士以上，皆有世禄。诸侯食贡，大夫食邑，士食田，庶人食力，工商食官，皂隶食职。（《国语·晋语》）

礼不下庶人，刑不上大夫。

公卿子弟入国学，庶人子弟入乡学。

轻视技术。凡执技以事上者，不事贰，不移官，出乡不与士齿。（《礼记·王制》）

2. 夏商周之田制

夏至西周之际，田制有三：籍田、井田、禄田。

籍田——天子躬耕之田。孟春之月于南郊象征性耕田。

井田——方里为井，井九百亩，其中为公田，八家皆私百亩，同养公田。民年二十受田，六十归田。

禄田——天子之官，咸有禄田。商代有圭田，以厚贤者。

粟米之征——周，民耕百亩，彻取十亩为赋，此即粟米之征。

3. 夏商周之学校与选举

（1）大学：夏——东序；商——右学；周——京师曰辟雍，诸侯曰泮宫。

（2）中小学：夏——小学曰西序；于乡曰校；商——小学曰左学，于州曰序；周——闾有塾，党有庠，州有序。

大学毕业后，一般被安排进国家机构中接替父辈职位。

（3）选举：西周开始乡举里选。由乡大夫初试，取中称秀士，秀士佼佼者为选士，如下所列，直至进士。司马对进士进行比较，写出评语，上报国君，分别授予官爵。特别优秀者，诸侯国国君将其作为贡士，推荐给周天子。

链接

选士——乡论秀士，升于司徒，曰选士。

俊士——司徒论选士之秀者，而升于学，曰俊士。

造士——升于司徒者，不征于乡；升于学者，不征于司徒，曰造士。

进士——大乐正论造士之秀者，以告于王，而升诸司马，曰进士。

（《礼记·王制》）

此即所谓“教育选举合冶一炉”。季春之月，还要聘名士，礼贤者。

4. 夏王由禅让变为世袭

尧舜禹相禅让。这是《三字经》讲的。实际上，并非完全如此。《韩非子·说疑》中说：“舜逼尧，禹逼舜。”

夏自“少康中兴”后，推举制逐渐废除，而实行“父死子继”或“兄终弟及”。夏王以下的官员，也采取这样的办法。礼记上说，这叫“大人世及以为礼”，这里的“大人”，就是指“官吏”。到了商末，不再“兄终弟及”，变成“父死嫡长子继”。商朝比夏更为“家天下”，亲贵合一、官贵合一。

周武王开始为了“屏藩王室”，按照商末形成的“宗法制”分封71个诸侯国。用人标准完全凭血缘关系，与德才无涉了。

5. 夏商周之官制及军队

（1）夏朝：三公（调阴阳）、九卿（通寒暑）、二十七大夫（知人事）、八十一元士（士去其私）。（《礼记·王制》）

（2）商朝：二相（左相、右相），六太（太宰、太宗、太史、太祝、太士、太卜），五官（司徒、司马、司空、司士、司寇），六府（司土、司木、司水、司草、司器、司货），六工（土工、金工、石工、木工、兽工、草工）。（《礼记·曲礼下》）

（3）周朝：三公（太师、太傅、太保），三孤（少师、少傅、少保），六官（天官大冢宰、地官大司徒、春官大宗伯、夏官大司马、秋官大司寇、冬官大司空）。（《周礼》）

（4）军队：军队实行征调法。在编制上王有六军，大国三军，次国二军，小国一军，每军 12500 人。军下有师，师下有旅，旅下有卒，卒下有两，两下有伍。军有军将，师有师帅，旅有旅帅，卒有卒长，两有两司马，伍有伍长。（《通考·兵考》）

6. 夏商周官员的等级与待遇

《周礼·大宗伯》说“爵者秩也，位者威也”。意思是，有了秩序等级，人就有了威望。

夏朝时按照血统亲疏和贡献大小定爵位：公侯伯子男。官员等级是按爵位划分的。爵位高的土地多、奴隶多。贵族和职官“五十而贡”，即按收获的五十分之一交给朝廷。

商代规定公之领地方圆不超过100里，侯70里，伯50里。

周之等级为10级。国家等级与家族世袭结合，周天子世袭为王，其弟为诸侯，实行嫡长制。爵位的田禄对应职位，职位的田禄对应爵位。

 **链接**

周代官吏的等级与田禄待遇

品级		禄食（人）	禄地（亩）
中央	地方		
公	大国君	2880	32000
侯	次国君	2160	24000
伯	小国君	1440	16000
子	大国卿	288	3200
男	次国卿	216	2400
下士	下士	9	100

（据李春光2005年）

（三）夏商周的官吏管理与监察

1. 夏商周对官吏的管理

夏商对官吏的管理主要是考核。《尚书·舜典》说“三载考绩，三考，黜陟幽明”。

西周有“八法治官府”之说。是指好干部的评价维度共八个：官属（主从关系）、官职（明确职责）、官联（交换意见）、官常（维持秩序）、官成（老成持重）、官法（遵守法纪）、官刑（勿触刑律）、官计（按计划办事）。

西周还有“课群吏”六条的督促制度和述职制度。“课”的内容是廉善、廉能、廉敬、廉正、廉法、廉辩。廉即“考察”之意。述职，即汇报职守，称“朝觐”。

为了掌握第一手材料，周天子还实行“巡狩”制度，实际上是根据巡视所见，随时赏罚。(《孟子 · 告子上》)

商朝出现“告归”（伊尹“将告归”）之说，西周出现“致仕”一词。《礼记 · 典礼》说“大夫七十而致仕”。“仕”乃贤者之意，致仕就是把权力转交给贤者。

2. 西周时期对官吏的监察

西周有明文规定，诸侯必须在每年秋后觐见周天子，汇报辖区之内人口增减、土地开垦、粮食生产、社会治安状况，接受考核。《孟子·告子下》说：“一不朝，则贬其爵；再不朝，则削其地；三不朝，则六师移之。”巡狩期间，“入其疆，土地辟，田野治，养老尊贤，俊杰在位，则有庆，庆以地”，“入其疆，土地荒芜，遗老失贤，掊克（聚敛之臣）在位，则有让（削其封地）”。（《孟子·告子上》）

（四）周代的人才发现与选拔

1. 周文王六征观人法

周文王与姜尚多次讨论怎样辨识人才的问题，并提出了六征观人法：观诚，验证一个人是否真诚；考志，考察他的心志是什么；视中，审查一个人的内心世界；观色，观察一个人的外在表情；观隐，观察一个人的隐藏假托之处；揆德，考察一个人的道德品质。

周公旦在辅佐成王时专门制定了司徒选举官员法、司马选举官员法，明确了官员的“六德”为：知、仁、圣、义、忠、和；“六行”为：孝、友、睦、姻、任、恤。

《史记》记录周公告诫儿子伯禽说：“我是文王之子，武王之弟，成王之叔父，我于天下也不能算轻贱的了。可是我一沐三握发，一饭三吐哺，起以待士，犹恐失天下之贤人。”后世从此有了“周公吐哺，天下归心”之说。

2. 姜尚论发现人才的方法

在《六韬》中，姜尚论述了发现人才的“八征”法：“一曰问之以言，以观其详；二曰穷之以辞，以观其变；三曰与之间谍，以观其诚；四曰明白显问，以观其德；五曰使之以财，以观其廉；六曰试之以色，以观其贞；七曰告之以难，以观其勇；八曰醉之以酒，以观其态。”

姜尚还特别指出领导者应剔除“伤贤、蔽贤、嫉贤”，认为“伤贤者殃及三世，蔽贤者身受其害；嫉贤者其名不全”。

在用人上的注意事项有：“君用佞人，必受祸殃”，勿用“内贪外廉，诈誉取名”者，“窃公为恩，令上下昏”者，“背公立私，同位相讪”者，“群吏朋党，各进所亲”者，“招举奸枉，抑挫仁贤”者。

3. 周代访贤招聘人才的记载

《诗经·小雅》中，有《皇皇者华》一诗：“我马维驹，六辔如濡。载驰载驱，周爰咨诹。”翻译为现代汉语，则为：

我马身有六尺高，

六根缰绳光泽好。

又赶车来又驱车，

遍访贤达求善道。

在《诗经》中，还记录了访贤使臣的车马的尾饰旗杆，树于车后，气氛隆重。考核过程“考慎其相”，异常认真。（见《诗经》中《桑柔》《干旄》等篇）

4. 叔孙豹首论人生价值

公元前549年，周襄王二十四年，鲁国执政叔孙豹与晋国执政范宣子讨论“死而不朽”是什么。范宣子认为，像他的祖先那样世代为官，香火不断，就是“不朽”。叔孙豹认为不对。他说，那不叫“不朽”，只能叫“世禄”而已。接着，表明了自己的看法：“太上立德，其次立功，其次立言。”

立德是指像孔子那样的人；立功是指像大禹治水那样的事情；立言就是著书立说，传播文明、教育弟子。叔孙豹不仅说得好，而且做得正。公元前541年，叔孙豹代表鲁国与各国诸侯相会，严词拒绝楚国的贿赂，被人称赞为“临患不忘国，忠也；思难不越官，信也；图国忘死，贞也；谋立三者，义也”。

“三不朽”之说，对于此后历代人才修身治国影响很大，在今天，“人生价值究竟何在？”仍具有重大的现实意义。

（五）中国官吏等级体系的肇端

从夏至周，国家机构日益完备：“普天之下，莫非王土。率土之滨，莫非王臣”。(《诗经》)

《左传》昭公十年：“天有十日，人有十等。下所以事上，上所以共神也。”

《十三经注疏·春秋左传正义》说，“天有十日”是“甲至癸”，是指用十个天干来纪日的方法，表示日期的先后顺序。“人有十等”就是“王臣公，公臣大夫，大夫臣士，士臣皂，皂臣舆，舆臣隶，隶臣僚，僚臣仆，仆臣台”。

夏，从禅让制发展为传子制；商，确立了嫡长制；西周，实行宗法制。在周代，天子以嫡长子继承王位，其他诸子封为诸侯，或大夫，分别担任官尹，称为“别子”。他们在受封领地建立宗庙和政权机构，形成新的宗族。他们的后人也按嫡长制继承，称为“宗子”。宗子相对于周天子（大宗），为小宗。西周开始的完善的奴隶制国家，自天子至以下各官均为世袭，叫“世卿世禄”，但也不排除从平民或奴隶中提拔起来，授予官位，如姜尚。

二、春秋战国时期

（一）春秋战国是怎样一个时代

1. 社会剧烈变革的年代

中国在统一的秦王朝建立以前，有一个漫长的历史时期。总的说，包括原始社会、奴隶社会和从奴隶社会向封建社会转变的一段时间。先秦诸子如孔子、墨子、孟子、老子、庄子、韩非子等人，就处在社会制度天翻地覆深刻变革的时代。春秋战国时期，由于铁器的出现，生产力大为提升；世卿世禄的人事制度开始分崩离析，私人办学逐渐到处开花。所以，这一时期各种新鲜的人才思想犹如春风吹拂般，浩荡于神州大地。

2. 春秋战国是怎么划分的

春秋战国起始于公元前 770 年，也就是周平王迁都那一年，截止于公元前 221 年，也就是秦始皇统一中国那一年。这段时期，周天子每况愈下、名存实亡，新兴地主阶级登上历史舞台，各类人才异常活跃。仔细划分，中间有个“三家分晋”（周威烈王二十三年，即公元前403年）。这之前为春秋，之后为战国。除了经济基础的深刻变化外，意识形态上的百花齐放、百家争鸣也放射出耀眼的光芒。乱世出英雄，动荡涌英才。激烈的社会变革，造就了人才辈出、大展才华的新时代。

3. 春秋与战国有什么不同

顾亭林在《日知录》中说，春秋与战国有六大不同：

（1）春秋重礼信，战国则不言礼信。

（2）春秋犹宗周，战国不言王。

（3）春秋严祭祀、重聘享，战国则无其事。

（4）春秋论宗姓氏族，战国无一言及之。

（5）春秋赴告策书，战国则无其事。

（6）春秋宴会赋诗，战国则不然。

易中天在《中国智慧》中讲，春秋与战国在战争形式上不同：

（1）春秋打仗原则上只打一天，最短只有一个早上。

（2）春秋打仗在边境线上，战国突破了边境。

（3）春秋打仗讲究礼仪，客客气气，如足球赛；战国打仗，血流成河。

（4）春秋打仗讲规则（规则：不斩来使、不鼓不成列、不重伤、不擒二毛），战国打仗讲“诡道”。

4. 春秋战国处于世界“轴心时代”

1949 年，德国哲学家雅斯贝尔斯在《历史的起源和目标》一书中，把公元前 800 年至公元前 200 年这一段时间，称之为“轴心时代”（也有翻译为“枢轴”的）。

这个时期，世界各地同时涌现出许多伟大的思想家，比如南亚的释迦牟尼，西亚的犹太先知，欧洲的亚里士多德，中国的孔子、老子等。他们对构成人类处境的宇宙本质，产生了一种理性认识，一种哲学的突破。中国最早对这个问题提出见解的是闻一多，他说：“人类在进化的途程中蹒跚了多少万年，忽然这时对近世文明影响最大最深的四个古老民族——中国、印度、以色列、希腊——都在差不多同时猛抬头，迈开了大步”。

有人认为，这是一种复杂的历史文化现象，也是一种思维的建构。但至今尚无令人信服的阐释。

千古之谜，谁能解？

（二）百家争鸣盛事空前

1. 百家争鸣的开始与结束

易中天认为，百家争鸣是从墨子批评孔子开始的。

那是春秋战国之间的事。但是墨家学派其兴也勃焉，其亡也忽焉，并没有撼动儒家的根基。

墨家之后，批评儒家的是道家，包括战国早期的老子，战国中期的庄子。孟子与庄子同时，但他批墨不批道。

荀子生于战国晚期，想来个总结性发言。荀子知识渊博，是个百科全书式的人物。

但是，也有人认为，百家争鸣是从孔子办私学开始的，结束于汉武帝独尊儒术。墨子最早是向孔子学习的，后来学生反对老师，开始独树一帜。

链接

东汉班固论百家争鸣

诸子十家，其可观者九家而已。皆起于王道既微，诸侯力政，时君世主，好恶殊方，是以九家之术蜂出并作，各引一端，崇其所善，以此驰说，取合诸侯。其言虽殊，辟犹水火，相灭亦相生也。仁之与义，敬之与和，相反而皆相成也。《易》曰："天下同归而殊途，一致而百虑。"……若能修六艺之术。而观此百家之言，舍短取长，则可以通万方之略矣。

（《汉书·艺文志》）

链接

梁启超论百家争鸣

孔北老南，对垒互峙，九流十家，继轨并作。如春雷一声，万绿齐茁于广野；如火山炸裂，热石竞飞于天外。壮哉盛哉！非特中华学界之大观，抑亦世界学史之伟迹也。

（《论中国学术思想变迁之大势》）

2. 百家争鸣到底是多少家

对于百家的划分，最早源于司马迁的父亲司马谈《论六家要旨》。他的划分是：阴阳、儒、墨、名、法、道德。后来，刘歆在《七略》中，又增加“纵横、杂、农、小说”，至此，为十家。班固在《汉书·艺文志》中说：“诸子十家，可观者九家而已。”后来，人们去“小说”，称剩下的九家为“九流”。

今人吕思勉在《先秦学术概论》中，增“兵、医”两家。至此，共有十二家。就学科而论，涉及：

政治学（儒、墨、法）；

哲学（阴阳、道、杂）；

逻辑学（名）；

外交学（纵横）；

农学（农）；

文学（小说）；

军事学（兵）；

医学（医）。

链接

诸子百家派别及代表人物

儒家——孔子、孟子、荀子、景子、世子、芋子、公孙尼子。倡导“孝”“悌”“忠”“信”“仁”“义”。

道家——老子、庄子、文子、列子、老莱子。主张“自然”“虚无”。

法家——李悝、商鞅、申不害、韩非子。“崇法术”“尚刑名”。

兵家——孙武、吴起、穰苴、尉僚子。其学说专谈“兵”。

墨家——墨子、田俅子、随巢子。主张“非攻”“兼爱”“利他”。

名家——惠子、尹文子、公孙龙。主张“综核名实”。

杂家——吕不韦。其言论儒而杂道墨。

纵横家——苏秦、张仪、苏代。专以权术为言论。

阴阳家——邹子。专论“怪异之变”。

小说家——燕丹子、宋子。言多怪诞。

（据《六家旨要》《汉书·艺文志》）

3. 百家的特点是什么

易中天认为：老子、韩非最冷。墨子、孟子最热。墨子古道，孟子热肠。韩非冷峻，老子寡情。

孔子性厚道，墨子性执着，庄子性浪漫，韩非性冷峻。

道家讲天道，墨家讲帝道，儒家讲王道，法家讲霸道。

儒家讲仁爱，墨家讲兼爱。

道家尚自治，墨家尚人治，儒家尚德治，法家尚法治。

老子说，“圣人不仁，以万物为刍狗”。

庄子追求真实、自由、平等（逍遥即自由，齐物即平等）。

孔子不信鬼神。墨子“神神叨叨”。

法家“两面三刀”（“两面”指赏、罚，“三刀”指法、术、势）。

老子的方法论是正言若反。韩非的方法论是斗争哲学。孔子的方法论是中庸之道。

百家争鸣的结果是，儒家成了执政党，墨家成了“地下党”。

4. 百家争鸣的圣地——稷下学宫

大约在公元前370年至公元前360年间，齐国从齐桓公开始为招揽天下贤才，集中天下智慧，在齐国国都临淄西门外设立“稷下学宫”。

到了齐威王的时候，他听从邹忌的建议，广开言路，各路学者纷纷至齐，由于齐威王政策优惠，稷下成为百家争鸣的具体场所。来此游学者数百千人，加上所招弟子估计以万人计。其中淳于髡就有弟子三千。孟子有学生数百人。

稷下学宫的规模远远超过古希腊时期的阿基米德学园、伊壁鸠鲁学校和斯多葛派学校。齐宣王时期达到鼎盛。荀子还曾担任过学宫领导。此后的世界，再也没有出现过如此繁荣兴旺的景象。

稷下学宫的活动有五类：（1）发表国策；（2）参政议政；（3）教授徒弟；（4）著书立说；（5）激辩学问。总之叫“不治而议”。

知识分子待遇较高。一等学者别墅一栋，享受上大夫的待遇。

稷下学宫存在了100多年，随齐国领导人的衰败而消失了灿烂的光辉。孔子说“人存政举，人息政亡”，果不其然。

5. 诸子百家人才思想的差异

诸子百家对于领导者应该如何对待人才的认识各不相同。

孔子"举贤"论:"夫举贤者，百福之宗也"，"为政在人"。

孟子"进贤"论:"国君进贤"，"然后用之"。"国人"（民众）举贤。"左右皆曰贤，未可也；诸大夫皆曰贤，未可也；国人皆曰贤，然后察之；见贤焉，然后用之。"

墨子"尚贤"论:"尚贤为政之本也"。

荀子"贵贤"论:"尊圣者王，贵贤者霸，敬贤者存，慢贤者亡"。

韩非"任贤"论:"贤才者，处厚禄，任大官；功大者，有尊爵，受重赏"。

以上种种不同认识，通过互相驳难，既有交锋又有融合，推动了指向真理的探索。故《汉书·艺文志》说:"其言虽殊，辟犹水火，相灭亦相生也。仁之与义，敬之与和，相反而皆相成也。"

6. 诸子百家人才思想的民主性

（1）孟子说:"民为贵，社稷次之，君为轻。"（《孟子·尽心下》）"爱人者人恒爱之。"（《孟子·离娄》）

（2）墨子说:"官无常贵而民无终贱"。（《墨子·尚贤

上》）“夫爱人者，人亦从而爱之；利人者，人亦从而利之；恶人者，人亦从而恶之；害人者，人亦从而害之”。（《墨子·兼爱》）

（3）晏婴说：“意莫高于爱民，行莫厚于乐民”，“事因于民者必成”。（《晏子春秋》）

（4）管子说：“夫霸王之所始也，以人为本”，（《管子·霸言》）“政之所兴，在顺民心；政之所废，在逆民心。”（《管子·牧民》）

（5）吕不韦说：“宗庙之本在于民”，（《吕氏春秋·务本》）“故凡举事必先审民心，然后可举”。（《吕氏春秋·顺民》）

（6）老子说：“圣人恒无心，以百姓之心为心。”（《道德经·四十九章》）

春秋战国之所以能够人才辈出、光耀千秋，是有其内在原因的。学者们分析，大致有以下几条：

周室衰微，言论自由。

私学林立，民智日开。

兼并盛行，方便交通。

城市出现，人才集聚。

养士争才，客卿优待。

（三）春秋战国人才活跃的原因

1. 周室衰微，言论自由

周代“执左道以乱政，杀……学而非博，顺而非泽，以疑众，杀。”（《礼记·王制》）百姓言论受到严重束缚。及周道不纲，“人奋其私智，家尚其私学者，蜂起于中国”。（曾巩《新序目录序》）也就是说，统治阶级由于自身岌岌可危的原因，已经管不住各诸侯国和老百姓了，言论自由自然会出现。自由是任何社会创造性迸发最为重要的外在因素。

 **链接**

“道路以目”

《史记·周本纪》：“三十四年，王益严，国人莫敢言，道路以目。”

周厉王时，王室将百姓借以谋生的许多行业收归己有，生民困苦不堪，怨言沸腾。厉王实施禁言苛政，杀无赦。举国上下不敢谈论国是，走在路上，也不敢说话，只能用眼神示意而已。厉王高兴地说，我能够统一思想了，天下也没有人敢胡言乱语了。

2. 私学林立，民智日开

过去“学在官府”，老百姓无缘读书。春秋时期，私人办学开始，孔子带头设教于洙泗，弟子三千。孟子之后车数十乘，可见当时之盛况。

民办学校兴起，学术自然发达。古代得书极难，春秋手抄本开始流传起来。史载，孔子得百二十国宝书。惠施书有五车。这样一来，读书的学生增多，民智得到开发，拥有知识的人才数量大增。苏秦“头悬梁、锥刺股”的故事，激励、成就了无数普通的穷苦人。

少正卯同孔子大唱对台戏

《吕氏春秋·季渭篇》记载，鲁国的少正卯与孔子在同时同地办学。少正卯讲课煽动性很强，“与孔子并”，结果“聚徒成郡”。致使“孔子之门，三盈三虚”。据说，孔子后来杀了少正卯。

3. 兼并盛行，方便交通

春秋之初，国家林立。到底有多少国家，说法不一，据说有一百多个。可以想到，国家多，边防关口多，人们之间的交往就受到限制。通过国与国的兼并，打掉了不少障碍，于是老子能够游秦，孔子能够观周，颜回能够游宋，墨翟能够赴卫。

宋朝人陈亮说“东西驰骋，而人才出矣”。关隘打破，形成的人才流动的便利性，成为人才成长、经济发展的强大推动力量。

孟尝君就是依靠鸡鸣之徒侥幸出关逃命。

4. 城市出现，人才集聚

《战国策》上说：“古者，四海之内，分为万国，城虽大，无过三百丈者。人虽众，无过三千家者……今千丈之城、万家之邑相望也。”

西周是村落经济，春秋是市镇经济，战国是都市经济。史载，战国时期的齐国首都临淄，有 7 万户，大约 35 万人。“车毂击，人肩摩，连衽成帷，举袂成幕，挥汗成雨，家敦而富，志高而扬。”

在人口稠密的都市，人才自然集聚度高，而且创造财富的热情高昂。

5. 养士争才，客卿优待

越王勾践养士六千，魏无忌、齐田文、赵胜、黄歇、吕不韦养士三千，魏文侯、燕昭王、燕太子丹，皆致客无数。（见《中国风俗史》）

秦国实行客卿制度最为完善，最为有力，如孝公用商鞅、惠王用张仪、昭王用范雎等。客卿与一般所养之士不同之处在于，它是一种官员试用制度。合适者可以担任很大的官，直到相国、将军。秦不养士而尊客卿，这种特殊的制度极大地吸引了六国人才，使众多人才源源入秦，最终打败六国，统一天下。

应该特别注意的是，秦国利用客卿制度争夺来了杰出的高层次人才。

春秋战国各国争夺人才，从思想认识上讲，齐国最早，表现在管仲的“夫争天下，必先争人”上。但秦国坚持得最好，收获最大。有人统计，从秦穆公到秦始皇，从其他国家引进的人才，仅用于担任将相的，就有 11 人。这些人才对秦国由弱变强，最后统一中国，起到了至关重要的作用。(参见《中国人事史话》)

 **链接**

秦始皇重用的非秦人才

李斯、尉缭、王龁、茅焦、桓齮、王翦、昌平君、王贲、李信、王绾、冯劫、王离、赵亥、隗林、赵婴、蒙恬等。

(据《中国历代王朝兴衰录·大秦王朝》)

链接

秦国吸引高层次人才概况

人才姓名	人才国别	入秦方式	任职及贡献
百里奚	虞国	以五张羊皮赎回	任秦穆公上大夫
丕豹	晋国	从晋国逃来	任大将，大败晋国
余由	西戎	诱降而得	使秦开地千里
商鞅	卫国	应求贤令而来	任孝公相，而强秦
张仪	魏国	游说入秦	任惠王相，破六国联盟
甘茂	楚国	张仪引见	任武王左相，通三川拔宜阳
范雎	魏国	冒死逃秦	任昭王相，献远交近攻策
蔡泽	燕国	怀才不遇入秦	任昭王相，灭周
李斯	楚国	游说入秦	任始皇相，并天下
尉缭	魏国	游说入秦	任始皇国尉
吕不韦	卫国	游说入秦	任庄襄王、始皇丞相

（据《中国人事史话》）

（四）春秋战国之人才佳话

1. 淳于髡论人才共生效应

淳于髡是战国时期齐国大臣，个子矮小，滑稽幽默。齐宣王执政后让其荐举人才，他一天荐举七人。齐王很为奇怪，对他说，我听说人才难得，千里之内有一个人才就不少了，百年有一个人才就很难了，你为什么能够一天荐七贤？

淳于髡说："同类的鸟儿聚在一起，同类的野兽一起奔走。要找柴胡、桔梗，你到泰山、梁父山可以车载而归。我淳于髡可以算一个人才了吧，所以你让我去寻才，犹如到河边取水、用火石取火一样容易。我还准备给您推荐一大批人才呢！"在这里，淳于髡实际上是讲人才发现的"共生现象"，依靠这种现象，可以大批获得人才。

2. 魏国李克"五观识人法"

战国时期魏国谋士李克有所谓"五观识人法"。

第一，居视其所亲。平时生活，看其与何种人交往密切。

第二，富视其所与。发了财看他把钱财给谁，用在什么地方。

第三，达视其所举。仕途之上，看其提拔什么人。

第四，穷视其所不为。如果一个人求取功名而不得，看其不做什么事情。

第五，贫视其所不取。一个人穷得难以度日，看他是不是贪婪。穷不可丧志。

3. 九方皋相马看本质

在《列子》一书中，记载了伯乐推荐九方皋相马的故事。秦穆公对伯乐说，你年纪已大，能否找一个帮我相马之人？伯乐说，我可以为您推荐一个相马之才不在我之下的人，此人叫九方皋。

秦穆公于是让其去找千里马。三个月后汇报说，找到了，在沙丘找到的。穆公问是匹什么样的马啊？九方皋说“牝而黄”，意思是一匹黄色的母马。穆公派人把马找来，却发现是一匹黑色的公马。于是，不高兴地说，连马的颜色公母都搞不清的人，还能相马吗？伯乐回答：“若皋之所观，天机也。得其精而忘其粗，在其内而忘其外。见其所见，不见其所不见；视其所视，而遗其所不视。若皋之相，乃有贵乎马者也。”

穆公叫人将马牵来，伯乐一看果然是千里马。

4. 燕昭王千金买马骨

燕昭王原来在韩国当人质，回到韩国后，决计富国强兵，再报国恨家仇。但是，怎样才能找到贤才辅佐自己？他向臣子郭隗请教。郭隗就给他讲了一个“千金买骨”的故事。说是古时候有个国王，为买千里马出了千金之价。结果下属给他买回一个死马的头。国王很不高兴，抱怨他没有完成任务。下属回答说，当人们知道国王您是如此爱马后，千里马一定会来到的。果然，后来国王真的得到一匹千里马。

说到这儿，郭隗把话一转说，我虽不才，也算个人物吧，如大王重用我，天下人才就会奔您而来啦！燕昭王于是拜郭隗为师，并筑黄金台，堆放黄金，厚待天下之士。这之后，“士争趋燕”，燕国果然得到大量人才，包括赵国大将剧辛、齐国阴阳家邹衍、魏国军事家乐毅、纵横家苏秦等。经过 20 多年努力，燕国百废俱兴，成为战国七雄之一。

5. 春秋战国人才也下海

春秋战国时期，以职业为分类标准的社会地位顺序为士农工商。但是，由于各种原因不想在体制内干的人，也开始下海一展才华。这其中，成就突出者不少。

（1）子贡。孔子弟子。他“鬻财于曹鲁之间”，“好费举，与时转货”，“亿则屡中”。司马迁说他“结驷连骑，束帛之币以聘享诸侯，所至，国君无不分庭与之抗礼”。（《史记·货殖列传》）

（2）白圭。魏惠王大臣。下海后，主张“人弃我取，人取我与”，发了大财。

（3）范蠡。楚国宛人(南阳人)，被文种推荐给越王勾践。功成身退。携西施，驾扁舟，隐姓埋名，经商致富。到宋国后改名“陶朱公”，农牧商都干，总结出《经商十八则》，被后人敬称为“商界祖先”。有“陶朱事业，子贡文章”之说。

（五）秦国能够统一中国的人才因素

1. 秦国改革最到位

有学者写文章称“六国与统一擦肩而过”，就是说，六国都有统一中国的可能。其他六国，都曾不逊于秦国。齐国首先实行改革，而且为商鞅改革提供了有益的借鉴，但桓公信任了小人，很快就由盛而衰；魏国魏文侯依靠李悝变法，就采取过“选贤任能，赏罚分明”的政策，但后来没有把事情做完；楚国依靠吴起变法，效果明显，只是时间持续较短。总之，由于秦国不仅改革力度大，而且长期坚持不动摇，所以最后的胜利属于了秦国。

2. 秦国综合实力最强

在《战国策·秦策》中，有一段司马空与赵王的对话。其中谈到赵国不如秦国的原因：“地不如秦之大，国不如秦之治，将不如秦之武。”这里，相与将的差距，属于高层次的人才素质上的差距。

3. 六国用人多为君亲国戚

声名远播的四君子中，除了魏信陵君有所作为外，基本是笼络了一些才能并不杰出的人。如齐之孟尝君，多得鸡鸣狗盗之辈。赵之平原君，是个翩翩君子，长平之役损兵十余万。那么多门客，仅毛遂起到作用。楚之春申君不仅不会用人，反为亲信所杀。

六国不是没有人才，而是多以亲划线，不少杰出人才被压制，只好纷纷出逃。仅从魏国逃往秦国的就有吴起、孙膑、商鞅、李斯、范雎、张仪、尉缭等杰出人才。(参见《冰鉴》)

（六）春秋战国时期的人才制度

1. 背景一：生产力革命是根本动力

春秋战国时期，由于铁器的出现，大大提升了社会生产力，促进了经济的繁荣。齐国在春秋时候就开始使用铁器。管仲说：“美金以铸剑戟，试诸狗马；恶金以铸锄夷斤欘，试诸土壤。”(《国语·齐语》)恶金，即铁。

春秋时期，周室衰微，诸侯强大。五霸为齐桓公、晋文公、宋襄公、秦穆公、楚庄王。前四者称霸但尊周，后者则目无天子。孔子主张“大一统”，以大同世界为目的；老子“以无事观天下”，没有国家概念；墨子“一天下”，劝人兼爱，“视人之国，若视其国”。

链接

铁器的使用开辟了一个新时代

中国的夏商周三代属于青铜时代。

公元前 6 世纪中国开始铸铁，13 世纪传入欧洲。江淹《铜剑赞序》：“古者以铜为兵。春秋迄于战国，攻争纷乱，兵革互兴，铜既不可给，故以铁足之。”

摩尔根在《古代社会》中曾说：“铁一旦成为生产中最重要的原料，这意味着人类进化史上发生了最重大的事件。”

恩格斯将铁器时代称为“英雄时代”。“铁已在为人类服务……它是历史上起过革命作用的各种原料中最后和最重要的一种原料。……它给手工业工人提供了一种极其坚固锐利的、非石头的、或当时所知道的其他金属所能抵挡的工具。”

铁器的出现，导致手工业从农业中分离出来。商品贸易接踵而来。铁器最广泛的应用就是钉子。中国博物馆藏有春秋战国的大铁犁。铁犁划开了一个新的时代。

延伸阅读

春秋都有哪些国家

春秋与战国的分界是韩赵魏三家分晋。

春秋有十几个国，经过兼并，只余秦齐楚燕韩赵魏七国。

鲁（封地山东曲阜）。

晋（封地山西太原）。

楚（封地湖北江陵）。

齐（封地山东临淄）。

秦（封地甘肃天水）。

卫（封地河南淇县东北）。

郑（封地陕西华县）。

宋（封地河南商丘）。

燕（封地北京大兴）。

曹（封地山东定陶县）。

陈（封地河南陈县）。

蔡（封地河南上蔡县）。

吴（封地江苏无锡县东南）。

越（封地浙江会稽县）。

（据陆懋德《中国上古史》）

2. 背景二：战国时期出现改革浪潮

齐国首先变法。但秦国变法最彻底。以秦孝公依靠商鞅变法为例：

（1）变井田（三代实行井田制，秦乃废之）。

（2）辟土田（辟地耕种，地尽其利，人无废职）。

（3）督耕稼（民有二男，不分异者，倍其赋。致粟帛多者免役，事工商末利及怠而贫者，没为奴婢）。

（4）行保甲：保甲制度（户口制度从齐国始）。

（5）定兵制。

成果：行之十年，山无盗贼，家给人足，国以富强。(《史记》)

3. 春秋战国时期人才制度的变化

（1）诸侯国官之来源及官制发生变化。

西周诸侯，皆是宗族懿戚，同姓为伯父叔父，异姓为伯舅叔舅。春秋时，诸侯卿大夫渐行僭窃，贵族阶级崩溃。“舟人之子，熊罴是裘。私人之子，百僚是试”(《诗经·大东篇》)。降及战国，需材孔亟，鸡鸣狗盗之徒，尚被罗用。(胡适《战国哲学史大纲》)

与西周相比，春秋官职名目开始增多，而且随地而异，名称不一。宋有太宰，秦有庶长，楚有令尹。及至战国，中央有相国、将军；地方有县尹、县公、县令。

这是西周所没有的现象。

（2）从“世卿世禄”制到“察能授官”制。

这实际上是官吏任用制度的大变革。所谓“世卿世禄”就是“尊尊”“亲亲”，当官的世世代代当官，以宗法制度为核心，确保王位、爵位、财产继承上的秩序，避免社会动荡。但实际上，导致大批有才之士老死荒野。管仲提出应以“德功能”任官。他说：“君子之所审者三：一曰德不当其位，二曰功不当其禄，三曰能不当其官。此三本者，治乱之原也。”（《管子·立政》）

（3）出现人才推荐制和重金招贤制。

为了选拔杰出人才担当重任，管仲在齐国首推“三选制”。意思是要有三个环节：一是要由基层长官（乡与属）推荐，二是国家对其试用一年，三是要经国君审查通过。重金招聘之事各国都做。齐国属于佼佼者。管仲将此项工作视为“战胜之器”，大规模地开展招聘活动。《管子·小匡》说他拟派“游士八千人，奉之以车马衣裘，多其资粮，财币足之，使出游四方，以号召收求天下之贤才”。

（4）对爵制等级制进行改革。

古代爵位分为五等：公、侯、伯、子、男。西周加了四等：公卿、大夫、上士、中士。这样就成了九等。春秋战国时期又有变化。为了把人们引导到耕战上，商鞅变法提出“明尊卑爵制等级，各以差次名田宅，臣妾衣服以家次。有功者显荣，无功者虽富无所芬华”。(《史记·商君列传》）商鞅制定的爵秩分为20等。最高的第20等爵称“彻侯”或“列侯、通侯”，待遇为“功大食县，功小食亭”。

西周爵位世袭，战国从秦开始，不可世袭了。

西周爵位与土地相联系，战国19等以下不与土地联系了。

（5）养士与客卿制度蓬勃兴起。

春秋战国时期养士之风甚盛。越王勾践养6000人，魏无忌、齐田文、赵胜、黄歇、吕不韦养3000人。魏文侯、燕昭王、燕太子丹致客无数。其中包括有才能的各色人等。

秦国实行的客卿制度之特点是给这些人相当的职位担任。这样，就把人才用到了紧要的地方，发挥了重大作用。李斯的《谏逐客书》，就是这段历史的生动记录。

（6）私人办学全国蔚然成风。

夏商西周时代，“学在官府”，也就是被贵族所垄断，普通百姓难以接受教育。春秋中期，从孔子开始举办私学。与以往官学专门接受贵族子弟不同，孔子实行“有教无类”，“自行束脩以上”，他都进行教诲。《史记·孔子世家》说“以诗书礼乐教弟子，盖三千焉，身通六艺者七十有二人”。孔子办学把教育从“官办”中解放出来，具有划时代的伟大意义，为新兴地主阶级培养了大量杰出人才。当了官的就有子路、冉有、子夏、曾参等。

（7）人才自荐得到社会广泛承认。

在春秋战国激烈的竞争中，有的人才勇于自荐，得以脱颖而出，成就事业。这种人才现象，被传为美谈，自然也得到了社会承认。比较突出的几个案例是：钟离春自荐当王后，甘罗自荐当使臣，毛遂自荐退秦兵，冯驩自荐买人心，苏秦自荐担任六国“联合秘书长”。这是当时人才辈出社会机制活跃的反映，打破了死水一潭的沉闷局面。

（8）职业与专业的理念与实践。

齐桓公问计管仲，如何“成民之事？”管仲回答：“四民分业”，“不可杂处”。四民指“士农工商”，不可杂处怎么办？要“同业相聚”“父子相承”。管仲的“四民分业”，是职业化、专业化的始作俑者。对于交流经验、提高技能有巨大作用。

亚当·斯密认为，分工是由人的“交换本性”而发生的，分工能够提高社会生产力。李嘉图说：“专业分工能创造价值”。但是，分工也有副作用，特别是“农之子恒为农，工之子恒为工”。

管仲是人才集聚的始作俑者

齐桓公问：“百姓安定了，怎样才能使之成其事？”

管仲答："士农工商四者，国之石民也，不可使杂处。"具体怎么办？管仲说"群萃而周处"，"群萃"乃集聚，"周处"就是集中居住，实际上就是主张人才按行业"集聚"。管仲还以"工"与"商"集聚为例，论述了集聚的好处。他说，工匠集聚则"相语于事，相示以巧，相陈以功，相高以智"；商人集聚，则"相语以利，相示以赖，相陈以知贾"。集聚在一起，父子相传，生产发展，社会安定了，人们就不会见异思迁，到处乱跑，造成社会动荡。

（《管子·小匡》）

（9）春秋战国"新人"登上历史舞台。

我国台湾地区学者许倬云根据班固所撰《汉书·古今人表》统计出，如果将新人界定为无贵族家庭背景、出身寒微者，那么，在古今人表中所列人物，春秋时期新人占 26%，到了战国时期则占到 55%。

许倬云还发现，依据可统计的（81 位）各国宰相，与世族有关的占 45%，而无关者超过一半。可见，社会的剧烈变动，推动了大批人才登上历史舞台。

三、秦汉时期

（一）秦汉时期的人才制度变迁

1. 秦统一后的中国气象

“秦王扫六合，虎视何雄哉！”秦始皇统一中国后，车同轨，书同文，统一度量衡，意义重大，成为一个专制主义王朝。由于新兴的地主阶级刚刚登上历史舞台，所以表现出生机勃勃的气象。秦始皇把那些六国旧贵族遣散，防止他们东山再起。被遣散者达到 26 万户、100 多万人。

秦始皇还抓紧建立了金字塔式的官僚制度体系，实行郡县制，焚书坑儒，统一思想，疾风暴雨，摧枯拉朽，巩固新生政权。但是，秦始皇过分相信自己的力量，又导致迅速垮台，二世而亡。汉随秦制，所以我们把秦汉连在一起讲。

2. 秦代对官与爵的分离

秦在统一中国之前，依靠商鞅变法强大起来。商鞅规定："斩一首者，爵一级，欲为官者，为五十石官；斩二首者，爵二级，欲为官者，为百石之官。"导致官爵不分。从军事斗争转向经济建设后，必须改革这种制度，因为会打仗者可能不善发展。方向是：有爵者不一定有官，去掉了官员不称职的弊端。体现了"能者在职，贤者在位"的治国理念。

当时学者的看法"职以授能，爵以酬功"。春秋战国时期"任事然后爵之，位定然后禄之"。(《礼记·王制》)

3. 秦代"三公九卿"的中央政府

秦始皇称帝要运转国家机器。这个国家机器是怎样的呢？中央实行"三公九卿"制。

三公：丞相（皇帝助手）、太尉（掌管军队，但不能调兵）、御史大夫（丞相的副手），为最高行政长官

九卿：奉常（宗庙礼仪）、郎中令（皇帝警卫）、太仆（宫廷车马）、卫尉（皇宫保卫）、典客（民族外交）、廷尉（司法）、治粟内使（财政税收）、宗正（皇族内务）、少府（山川税收及手工制造）

这些官员由皇帝任命，不能世袭。

4. 秦代郡县制下的地方行政组织

秦代全面推行郡县制。全国36郡，郡守为最高行政长官。郡尉管军事，监御史管监察。郡辖县，县下有乡，乡下有亭、里。万户以上县设县令，不足万户设县长。县令以下有丞、尉等其他属员。

乡设三老掌教化，啬夫掌税讼，游徼掌治安。民“伍有伍长，什有什长”。“令民为什伍，而收相连坐”。基层组织是征收赋税、徭役兵役的最终承担者，也被历代王朝所继承。

5. 秦代官员之选拔与考绩

秦代官员之选拔有六种方法：

（1）保举法（推才不当承担责任。吕不韦曾保举李斯）。

（2）军功法（以军功授爵除吏）。

（3）知法法（通晓法律者被任命为法官、法吏）。

（4）考试法（通过考试）。

（5）葆子法（高官亲属有优惠任官，世卿世禄流风）。

（6）征士法（征聘。时间短，效果不显）。

秦时委任官员要有正式命令，时间在十二月底到第二年三月，正式的凭证是官印。免官收印，印随官转。

印分金银铜三种。还有绶带之分。绶带长丈二，宽三尺，丝质。绶带分紫青黑黄四种。金印紫绶只有丞相、太尉用；银印青绶为九卿高官。铜印黑绶为郡丞、长史和大县县令。小县的县官只能铜印黑绶或黄绶。

考绩有“五善五失”之说，有五善而无一失将受到褒赏，有一失可能降职。犯上一失，有的甚至可能被处死。

6. 秦始皇焚书坑儒

公元前 213 年，在一次咸阳宫的酒宴上，仆射周青臣与博士淳于越就郡县制问题进行辩论，丞相李斯乘机强调时移世易，社会治理方法也要改变。可是儒生们不师今而学古，“入则心非，出则巷议”，有碍“定一尊”。李斯主张焚书：除《秦记》、医药、卜筮、植树之类的书以外，30 天内一律烧毁。逾期不烧，处以黥刑，罚筑城 4 年。

第二年，方士侯生、卢生骗得钱财后逃匿，抨击秦始皇独裁朝政、刚戾自用，秦始皇开始迁怒儒生，派御史对儒生进行抓捕，460 多人被活埋，被称为“坑儒”。

这件事对中华文化是一次重大摧残，儒学一落千丈。从此，文武百官开始看着皇帝脸色讲话，朝廷基本上成为皇帝的“一言堂”。

7. 汉代从轻视到重视知识分子

刘邦原是一个社会底层人士，早年看不起知识分子，曾骂郦食其是“竖儒”。后来因听从郦食其的建议，“先取陈留，进破关中”得到胜利，开始对知识分子转变态度。称帝后进一步笼络知识分子。有人统计，《中国历代名人词典》中，西汉列入名人43位，在5000年中华史册上放射出耀眼光芒。

政治家：贾谊、晁错、魏相。

外交家：张骞、苏武。

文学家：司马相如、东方朔、邹阳。

史学家：司马谈、司马迁。

法学家：于定国。

水利家：倪宽、徐伯、召信臣。

音乐家：李延年。

理财家：耿寿昌。

学问家：董仲舒、毛亨、杨恽、贡禹。

……

8. 汉武帝刘彻开始独尊儒术

公元前140年，也就是西汉王朝第七任皇帝刘彻下诏征求“贤良方正”“直言极谏”人才，他亲自主持考试，题目是“古今治国之道”。有100多人参加考试，河北冀县人董仲舒的试卷建议“罢黜百家，独尊儒术”，得到批准。丞相卫绾上奏说：“各地所推荐的人才，凡是研究申不害、韩非、苏秦、张仪言论的，都是乱政之辈，请一律罢黜。”

当时的刘彻只有17岁。所以今天看来，这不过是卫绾等人的政治骗术。但是，从此，儒家、孔子成了被利用的对象，沦为当权派压制异己的打手。

（二）刘邦得天下的人才因素

1. 刘邦能用好各类人才

《资治通鉴》记载着刘邦置酒洛阳南宫的一句名言，叫“三不如”。刘邦说：“夫运筹帷幄之中，决胜千里之外，吾不如子房；镇国家，抚百姓，给饷馈，不绝粮道，吾不如萧何；连百万之众，战必胜，攻必取，吾不如韩信。三者皆人杰，吾能用之，此吾所以取天下者也。”

这从另一个侧面说明，领导者不必事事比人强。具有领导才干的人，把人用好，才是最重要的。

2. 刘邦得天下的人才因素

（1）刘邦能够大度容人。

陈平原来是敌对营垒中人，而且背着“盗嫂受金”

的恶名。在得到刘邦重用后，大将周勃、灌婴不时在刘邦面前说陈平的坏话。刘邦听了不免疑惑，于是把推荐他的魏无知找来询问。魏无知坦然承认确有其事。刘邦生气地说："你不是说他是个贤人吗？"魏无知说："今楚汉相距，臣进奇谋之士，顾其计诚足以利国家耳。'盗嫂受金'又何足疑乎？"刘邦又找来陈平了解实情，欣赏陈平的直爽和所讲的道理，于是重赏陈平，拜护军中尉。众将不敢复言。

（2）刘邦能够把人才放到最合适的位置上。

韩信出身穷苦，先在项羽手下管粮草，后来投靠刘邦。萧何通过与韩信多次交谈，发现是个人才，就极力向刘邦推荐。刘邦于是就让韩信担任一个小官。韩信看自己在汉王这里难得重用，就私自悄悄逃出汉营。萧何得到情报，乘着月色一直追到河边，说："我要向汉王推荐你为大将，如若不允，我们一起出走如何？"终于感动了韩信。后来，刘邦隆重地拜韩信为大将，为最后战胜项羽，打下基础。因为日后的几个重要战役，都是韩信指挥的。

（3）刘邦"赦敌将，封仇人"，团结大多数。

在与项羽的争夺战中，如何对待从敌人营垒中过来的人，是个很大的问题。对季布这个在项羽手下任职，并多次追击自己，使自己十分狼狈的人，刘邦予以了宽赦。

雍齿是个反对过刘邦的人。刘邦做皇帝后，欲封诸将为功臣，由于僧多粥少，诸将议论纷纷，十分骚动。

这时，刘邦听从张良的建议，先从自己最憎恶的人封起，顿时平息了诸将的不满。当刘邦在酒宴上宣布雍齿为什方侯时，群臣说："雍齿且侯，我属无患"。

（三）两汉时期人才事典

1. 刘向论官员有"六正六邪"

刘向是汉初儒学俊才。在其所著《说苑·臣术》中，刘向提出为官者有"六正六邪"两类人。六正是：萌芽未动，昭然见机，此为"圣臣"；谕主以长策，功成事立，此为"良臣"；夙兴夜寐，进贤不懈，此为"忠臣"；明察成败，转祸为福，此为"智臣"；守文奉法，廉洁奉公，此为"贞臣"；言君过失，不辞其诛，此为"直臣"。六邪是：安官贪禄，不务公事，此为"具臣"；偷合苟容，不顾后害，此为"谀臣"；巧言令色，使主妄行，此为"奸臣"；文过饰非，挑拨离间，此为"谗臣"；专权擅势，结党营私，此为"贼臣"；朋党比周，以蔽主明，此为"亡国之臣"。

如此分类之法得到后世唐代谏官魏征的欣赏。他上奏李世民说："进之以六正，戒之以六邪，则不言而自厉，不劝而自勉矣。"意思是说，如果提拔重用六正类的官员，罢黜六邪类的官员，官场的风气就会清明起来。

2. 东方朔发表“虎鼠人才”论

汉武帝有位大臣叫东方朔，滑稽幽默，富有智慧，经常发表发人深省的见解。在他写的《答客难》中，讲了不少用才之道。比如，他认为，和平时期没有什么考验能力的机会，人才容易被埋没，君主“尊之则为将，卑之则为虏；拔之则在青云之上，抑之则在深泉之下；用之则为虎，不用则为鼠”。作为君子只能好好自修，“天有常度，地有常形，君子有常行”。但是君王对臣下，不应求全责备，“水至清则无鱼，人至察则无徒”，“举大行，赦小过”，才能广揽贤才。

3. 王莽“谦恭未篡时”

西汉到了成帝的时候，政治走向腐败。表现为外戚专权，生活腐化。有一次成帝微行见到舞者赵飞燕，便召入宫中。后又召入其妹，荒废政务。其后的哀帝更为荒淫。哀帝之后的平帝只有九岁，王莽以大司马辅政。平帝死，他故意选一个两岁婴儿做皇帝，乘机登上皇帝宝座。在王莽篡位之前，他表现出献田、救灾等美德，一副谦恭的样子，骗过了许多人。

王莽的两面派做法，教训深刻。后世白居易诗云“周公恐惧流言日，王莽谦恭未篡时”，就是讲的这段历史。

4. 严子陵隐身“富春江”

一般知识分子所谓追求事业，就是追求功名。东汉立国领袖刘秀在当了皇帝后想起来当年的老同学严光（字子陵），就派人寻找，发现他隐居在富春江边钓鱼台。严光早年就是一位高人。听说皇帝要来看他，便连忙躲了起来，被请三次方到京城。刘秀前去看他，他却假装睡觉。刘秀就与其躺在一起，摸着他的肚子劝他出来做官，并许以谏议大夫之职。严光坚持不干，并对刘秀说：“放我走，就不会伤了和气，我们还是要好的同学；如果逼我做官，反而伤了和气。”无奈，刘秀只好忍痛放严光回到富春江。宋朝的陈必敬路过富春江，回忆这段历史，吟诗道：“公为名利隐，我为名利来。羞见先生面，黄昏过钓台。”

刘秀通过这件事，反而获得了大量人才。

5. 王充首论“人才机遇”

王充，字仲任，东汉前期浙江上虞人。出身“细族孤门”，曾入洛阳太学师事班彪，后回乡在县乡任功曹，心性淡泊，离职家居著述。他一生著述很多，流传于世者仅有《论衡》一部。在《论衡》中他对人才问题有大量论述，尤为突出者，是他对人才机遇问题首先涉及。王充认为：“操行有常贤，仕宦无常遇。贤不贤，才也；

遇不遇，时也。才高行洁，不可保以必尊贵；能薄操浊，不可保以必卑贱。或高才洁行，不遇，退在下流；薄能浊操，遇，在众上。世各自有以取士，士亦各自得以进。进在遇，退在不遇。处尊居显，未必贤，遇也；位卑在下，未必愚，不遇也。”

那么，什么叫“遇”呢？王充说：“能不预设，说不宿具，邂逅逢喜，遭触上意，故谓之遇。如准主调说，以取尊贵，是名为揣，不名曰遇。……不求自至，不作自成，是名为遇。”“有富贵之命，不求自得”，“凡人遇偶及遭累害，皆由命也。”（《论衡》）

6. 叔孙通的知识用场

叔孙通原是一位秦代儒生。陈胜、吴广起义，消息传到朝廷，秦二世火急火燎把儒生招来寻求对策。有人主张镇压，二世脸色难看。这时，叔孙通马上说：“现今海晏河清，哪有造反的事，谣言，谣言！”秦二世立即脸色好看起来。可是，他随即就逃出咸阳，那些不满于他的人都被抓了起来。

到了刘邦得天下，叔孙通又带着一帮儒生投奔刘邦。刘邦当皇帝后请老部下喝酒，有人喊起了他的小名，闹得不像样子，令刘邦很没面子。这时，叔孙通看出了刘邦的心思，马上表示愿意为刘邦制定一套礼仪章程。后来一试，果然不错。“自诸侯王以下，莫不振恐肃敬”，“皆呼万岁”。刘邦高兴地说：“吾乃今日知皇帝之贵也！”

司马迁评论叔孙通说：“大直若诎，道固委蛇。”

（四）汉武帝刘彻广开进才之路

1. 汉武帝广开才路六策

汉武帝所处的时期，是我国郡县社会蓬勃发展的时代，也是一个经济繁荣、国力强盛的时代，是中国历史上继春秋战国之后又一个人才辈出、群星灿烂的时代。司马迁、董仲舒、卫青、霍去病、苏武、张骞、李延年都是众人皆知的人物，说明汉武帝广开才路的政策顺应了时代要求。汉武帝的人才举措主要有以下六条：

（1）选拔“贤良方正”。

（2）正式施行“察举制度”。

（3）继续施行“征士制度”。

（4）开始“公车上书”，“公车”乃官府之名，上书指言事。

（5）继续汉初“辟除”制度。高级官员可自行任用属员，利弊均有。

（6）任用商人为吏。打破了汉初几代皇帝的“重农抑商”政策，增加了国库收入。但利弊均有。

2. 汉武帝时期卖官鬻爵兴盛

卖官鬻爵起源于汉初之“资选”和晁错“入粟拜爵、除罪”的建议。但是，汉武帝出于应付连年战争需要解决财政困难的考虑，开始出此下策。规定：缴纳物财即可买爵赎罪。

卜式原是河南一个富有的大畜牧主。他多次向政府捐赠家财，并表示不愿做官。由于钱越捐越多，名气越来越大，汉武帝为了表彰他，便封其为“关内侯”，任命为“御史大夫”。这种做法在当时造成很坏影响，也流毒后世。

汉武帝设置的武功爵十一级，不用打仗，每一级均可卖钱。这是一种严重的社会腐蚀剂。

3. 汉武帝的用人特点

汉武帝在用人方面有不少特点，称得上用人艺术。

（1）用人不讲出身。卫青出身奴婢，霍去病是奴婢的私生子，但是都被汉武帝提升为大将。金日磾是匈奴王太子，后成为武帝托孤重臣。

（2）重赏轻罚特色。汉武帝与其他皇帝不同之处在于对功臣重赏，但对犯了过失的将领实行轻罚方针。这是因为他认为“千军易得，一将难求”。比如，李广曾经全军覆没，按律当斩，他只将其免为庶人。有的遭免之人，日后又得到启用。

（3）容忍耿直之士。汉武帝时的主爵都尉汲黯是个很有个性的官员，“后来居上”就是他的故事。在朝堂之士，他指责汉武帝“内多欲而外施仁义”，言行不一。汉武帝勃然变色，立即退朝。左右都为汲黯捏一把汗，汲黯却说是为了皇帝。汉武帝一直对他表示敬重，说：“古有社稷之臣，至于汲黯，则近之矣！”

（五）两汉时期大规模培养人才

1. 一改秦代毁灭人才之反动

汉朝是在推翻秦朝暴政的基础之上建立起来的。秦代焚书坑儒、迫害异己。对于一个新兴的王朝来说，要表现出关心人才的气象。所以从西汉的文教政策看，知识分子政策得到改善，具体表现为尊重儒生，“广开献书之路”，私学开禁，官办太学应运而生，出现了空前规模的人才培养活动。这也是政治上“清静无为”“与民休息”政策的反映。

世界上的事物，总是物极必反。秦代“焚诗书，坑术士，六艺从此缺”，到了汉代，国家与民间培育人才的规模达到了盛况空前的状态。

2. 官办太学，成为世界之最

汉武帝所处的时代，开国老一代基本已经退出历史舞台。怎样培养适应新形势的新人才成为一个问题摆在武帝面前。董仲舒建议："夫不素养士而欲求贤，譬犹不琢玉而求文采也。故养士之大，莫大乎太学。"

公元前124年汉武帝创办的太学开学。这是我国历史上的第一个官办大学。教师为秦代博士。教材为五经。太学生的录取不限出身，既有太常选送的"弟子员"，也有地方选送的"受业弟子"。西汉末年，学生达到3000人。

3. 两汉私学：蒙学与精舍

两汉私学发达。就教学程度划分，可以分为两个层次，一是小学程度的蒙学，一是太学程度的精舍。

蒙学学生八九岁入学，学习《论语》《孝经》《尚书》，后来学习比较系统的李斯《苍颉篇》《急就篇》，后者将日常生活常用字编在一起，用起来方便，成为历代启蒙教材的基础。

精舍又称精庐、经馆，实际上是著名学者聚徒讲学的地方。特别是东汉，跟从经师的学生成千上万。汉代私学弟子分两类，一为"及门弟子"，又叫"授业弟子"；另一类叫"著录弟子"，就是把自己的名字登录在著名学者名下，不必亲来听课。老师承认他们为弟子，有问题可以前来求教。有的学生，一辈子难得见老师一面。但是，师生关系很好，老师关怀学生，学生可为老师戴孝、申冤，乃至以求代死者。

《后汉书》中说："自光武中年以后，干戈稍戢，专事经学，自是其风世笃焉。……若乃经生所处，不远万里之路，赢粮动有千百。其耆名高义开门受徒者，编牒不下万人。"

（六）两汉时期的人事制度创新

1. 两汉严治贪官

西汉禁民奢侈。文帝景帝皆有严治贪官之令。东汉章帝、安帝皆下令戒奢侈。东汉和帝、顺帝访查吏治，劾奏奸猾，表荐公清，官吏犯赃罪，即伏法，且三世禁锢，不得入仕籍。(《西汉会要》卷四十三《戒贪官》,《东汉会要》卷二十三《班宣风化》及卷三十五《赃罪》)

2. 始于西汉的监察制度

对于官员的管理，西汉比以往更加严格。西汉有所谓"守真"制度。"守"即试用，"真"才是"转正"。还有，"假"为代理，"平"为参与，"领"为兼管，"视"与平同，"行"为暂代，"督"为监督，"待诏"为等待皇帝正式任命。西汉还加强了对郡国的"上计"与监察。上计就是对本地的情况进行审计，有专人负责。在监察方面，全国建立了13个监察州，每州设一“刺史”。刺，就是“侦查”“刺探”“暗访”之意。

武帝亲自制定《刺察六条》，包括“宗强豪右，田宅逾制，以强凌弱，以众暴寡；不奉诏书，背公向私，侵渔百姓，聚敛为奸；不恤疑狱，风厉杀人，怒则任刑，喜则任赏；选属不公，苛阿所爱，蔽贤崇顽；恃怙荣势，请托所监；阿附豪强，通行货赂，割损政令”。

3. 汉代正式的休假退休制度

西汉的休假有三种类型：（1）病假。期限3个月，少数人逾期可以续假。（2）丧假。父母丧葬可以休100天。（3）例假。照例之意。春节、端午、重阳，带薪休假。有时皇帝对有功之臣有赐假，东汉被取消。超假，酌情减俸。

汉前有所谓“致仕”，但是并未形成制度。作为一种制度，从西汉始。《西汉会要》记载，平帝元始元年皇帝为官吏退休发布命令：“天下吏比两千石以上年老致仕者，三分故禄，所一与之，终期身。”这个级别相当于今天副局级以上。据说，东汉时期，官员俸禄标准较之西汉有所提高。以两千石官员为例，在职时岁米36斛，俸钱6500；致仕后，禄米30斛，俸钱4000，分别相当于在职者的83%和61.5%。

4. 始于西汉的回避制度

西汉是专制集权国家的初级阶段，为加强统治，创立了回避制度。规定：

（1）宗室回避在首都附近的河南、河内、河东三郡做官。外戚回避在首都做官。

（2）封国人不得在京师任职；封国相职由中央任命，不得在京师任职；封国臣民不得在京师任职。

（3）郡国守、相到县令不得用本郡人。

到了唐宋时期，回避制度走向成熟。

四、三国两晋南北朝时期

链接

滚滚长江东逝水，浪花淘尽英雄。是非成败转头空。青山依旧在，几度夕阳红。白发渔樵江渚上，惯看秋月春风。一壶浊酒喜相逢。古今多少事，都付笑谈中。

——〔明〕杨慎《临江仙·滚滚长江东逝水》

大江东去，浪淘尽，千古风流人物。故垒西边，人道是，三国周郎赤壁。乱石穿空，惊涛拍岸，卷起千堆雪。江山如画，一时多少豪杰。遥想公瑾当年，小乔初嫁了，雄姿英发。羽扇纶巾，谈笑间，樯橹灰飞烟灭。故国神游，多情应笑我，早生华发。人生如梦，一樽还酹江月。

——〔宋〕苏轼《念奴娇·赤壁怀古》

延伸阅读

三国时期：一个英才辈出时代。

三国时期，由于东汉的灭亡，导致天下纷争。失去了威权的时代，一方面是社会失衡，天下大乱，民不聊生；另一方面却是才能杰出者大量涌现，蔚为壮观。像中国人喜欢讲的刘备、关羽、张飞、曹操、孙权都是当时的社会精英。他们或出身贵族，或出身低微，但都凭借一身的本事而演出了威武壮观的人生活剧。江山如画，一时多少豪杰！

资料

赤壁之战时那些英才的实际年龄

刘表（47）关羽（48）张飞（41）赵云（40）
庞统（29）曹操（54）曹仁（40）徐晃（44）
张辽（39）张郃（42）程昱（67）贾诩（61）
荀彧（45）孙权（26）周瑜（33）鲁肃（36）
黄盖（56）程普（60）甘宁（38）凌统（19）
吕蒙（30）诸葛亮（27）

（资料来源：《读者》2014 年第 2 期）

（一）选人机制的倒退：九品中正制

1. 历史有时倒退

东汉灭亡之后，中国社会陷入军阀混战、民不聊生的漫漫黑暗时期，“白骨露于野，千里无鸡鸣”。

列宁说过：“无论过去或将来，每个时代都有个别的、局部的、时而前进时而后退的运动，都有脱离一般运动和一般速度的各种倾向。”用这句话可以解释这一段似乎后退的历史。

世卿世禄——职以授能——门第阀阅（阀阅是达官贵人大门外的两根柱子，左为阀，右为阅，常用标榜功状）。

社会问题是：举贤不出世族，用法不及权贵。

资料

三国两晋南北朝指的是什么

三国：魏、蜀、吴。

两晋：西晋、东晋。

南北朝：南朝（宋、齐、梁、陈）、北朝（北魏、东魏、北齐、西魏、北周）。

2. 九品中正制的社会基础

魏晋南北朝时期，各地豪门世族乘机发展起来，形成一股腐朽、顽固的政治势力。西晋“官品令”规定：一品占田五十顷，以下按品递减；各品管占佃户依品参差；荫衣食客（奴仆）六品以上三人，七八品二人，九品以下一人。这些人都不向国家而向门阀缴纳赋税。

整个社会，等级森严，门阀居高位，庶族任下品。

公元220年，尚未称帝的魏王曹丕接受了吏部尚书陈群的建议，开始实行九品中正制——九品官人法。唐杜佑《通典》称："魏文帝为魏王时，三方鼎立，士流播迁，四人错杂，详核无所。延康元年，吏部尚书陈群以王朝选用不尽人才，乃立九品官人之法。"

3. 九品中正制的操作

（1）首先设置中正官。"择州郡之贤有识鉴者为之，区别人物，第其高下。"（《通典》）由郡长官选置中正。西晋之后，大中正推荐小中正，批准权归司徒，由中央控制。

（2）中正官需具备三个条件：本地人，担任公职，有鉴别力。

（3）品评人才有三个项目：家世，状，品。家世指父祖辈的资历、官职、爵位。这种记录叫"薄世"或"薄阀"，实际上是"家世谱牒"，是非常重要的依据。状，即行状，行能。察举时代很详尽，九品时代则很简单，寥寥数语。如一个叫"孙楚"的人，得八个字"王才英博，亮拔不群"。品，即品级。共分九品，实际上只分上下品。

（4）大中正核实后，报司徒，司徒核实后报尚书选用。

4. 九品中正制的流弊

历史学者楚刃认为，九品中正制刚开始还起到选拔人才的作用，后来就逐渐变了样。大概而言，流弊日重。

（1）由临时法令变为长期制度。

（2）由品状皆重变为重品轻状。

（3）由乡党评议变为中正雌黄。

（4）由三年一定变为一定不变。

 **故事**

中正官发誓报复

西晋何劭死后，中正官袁粲去吊丧。何劭独子何岐借故不见。“粲独哭而出曰：今年决下婢子品！”

意思是一定报复。

5. 九品中正制的遭批与终止

从西晋开始，就有对九品中正制的批评之声。武帝尚书仆射刘毅曾上书要求“罢中正，除九品”。司空卫瓘也批评“唯以居位为贵，人弃德而忽道业，争多少于锥刀之末”。（《晋书・卫瓘传》）

历史从魏晋发展到南北朝，由于豪门自许文雅，不愿“屈志戎旅”，导致寒门兴起，有的担任将帅。

到南朝时，梁武帝萧衍下令否定九品中正制，建立学校制度、考试制度、选官制度，类似于科举。

北朝西魏罢斥九品中正制后，实行新的选举法，罢门资之制，其所察举，颇加精谨。

（二）吏部的出现与演化

1. 魏晋时期出现吏部

中国历史上魏晋以前没有专门的人事机构，从魏晋在尚书台设吏部，置吏部尚书始，产生了专门的人事机构。曹魏尚书台列曹职掌情况如下：

吏部尚书，三品，六百石，掌百官选任。

左民尚书，三品，六百石，掌户籍工程。

客曹尚书，三品，六百石，掌外交事务。

五兵尚书，三品，六百石，掌军政。

度支尚书，三品，六百石，掌财政收入。

吏部，就其性质而言，最早始于《周礼·天官冢宰》，“乃立天官冢宰，使帅其属而掌邦治”。天官就是管理官的官，故后世称吏部尚书为天官。西汉成帝置常侍曹尚书，主公卿事，东汉改为“吏曹”“选部”。汉献帝时，始改称吏部，专掌选举。

2. 历代吏部的演化

吏部的出现，具有划时代的意义。从曹魏时期诞生到清代宣统撤销，前后延续 1789 年，可谓千岁衙门。

隋朝建立之后，吏部作为尚书省六部之一，组织发展更加严密。设置“选部、主爵、司勋、考功”四司。唐继隋制。宋尚书省吏部“四选三司一院”。四选为尚书左选、尚书右选、侍郎左选、侍郎右选；三司为司封司、司勋司、考功司；一院为官诰院。

吏部作为中央机构的一个部，居于第二行政层次，所属司、选、院属于第三行政层次。在近 800 年时间内，始终掌铨选，为六部之首。

明太祖朱元璋废除丞相，吏部成为他直接管辖的一个行政机构。清袭明制。这样，吏部属于第一行政层次，权力扩大。

3. 延续讨论：吏部与吏治

毛泽东说：“治国就是治吏。”（《北京政协》1997:3）中国历史上，吏治清明时期，社会就安定，国家就昌盛。反过来，吏治腐败，社会就动乱，国家就衰亡。有一种观点认为，中国古代没有法治，只有人治。其实，法治是有的，不过是人治大于法治。这样，就不能从根本上解决官员腐败问题。

要想解决好这个问题，必须借鉴历史经验，寻求根本解决之道。不受约束的权力，必然导致腐败。如何把权力关进笼子，是一个非常重要的问题。

（三）两位人才理论家：刘劭与崔亮

1. 刘劭与他的《人物志》

刘劭，字孔才，三国时期魏国邯郸人。魏明帝时出任陈留太守，赐爵关内侯。他曾受诏集五经群书，作《皇览》，著述颇多。《人物志》也为受诏之作。该书共分三卷，包括“九征”“体别”“流业”“材理”诸篇。新中国成立前此书翻译成英文，令美国学者大跌眼镜，认为刘劭此书是一本了不起的学术著述。

很多人认为，《人物志》是我国古代第一部人才学专著，刘劭的很多观点符合科学道理，对于我们今天选人用人具有一定的借鉴意义。

2. 崔亮的资格论——“停年格”

崔亮，字敬儒，清河郡东武城人。少年家贫，好学上进，北魏时官至吏部尚书。他曾上书“奏为格制，不问士之贤愚，专以停解日月为断。虽复官须此人，停日后者终不得；庸才下品，年月久者灼然先用。沉滞者皆称其能”。众人对这种做法意见很大，他却认为有理。

崔亮的解释为：“今日之选专归尚书，以一人之鉴照察天下。刘毅所云：一吏部，两郎中，而欲究竟人物，何异以管窥天，而求其博哉！”一是吏部难以详细鉴别人才，二是求职者多而官位少，所以就以此来限制人们入仕。这么一来，就把资格论法制化了。

当时一人批评道：“子是贤愚同贯，泾渭无别，魏之失才，自亮始也。”

链接

丘浚论资格问题

明代丘浚在其《大学衍义补》卷十《正百官·公铨选之法》中，对资格问题有着精彩的论述。他说：“非不用资格，亦不纯用资格。不用资格，所以待非常之人，任重要之职，厘（治理）繁巨之务；用资格，所以待才器之小者，任资历之浅者，厘职务之冗杂者。”他把问题讲透了，很辩证。

另外，他认为，从一般意义上讲，不应该小才大用：“非有大功德，大才能，及国家有非常之变，决不拔卒为将，徒步而至卿相。”

链接

龚自珍抨击论资排辈

清人龚自珍，写有《明良论三》，指斥当时论资排辈严重。

“大抵由其始官之日，凡三十五年而至一品，极速亦三十年。贤智者终不得越，而愚不肖者亦得以驯而到。此今日用人论资格之大略也。夫自三十进身，以至于为宰辅，为一品大臣，其齿发固已老矣，精神已惫矣，虽有耆寿之德，老成之典型，亦足以示新进；然而因阅历而审顾，因审顾而退葸，因退葸而尸玩，仕久而恋其籍，年高而顾其子孙，傫然终日，不肯自请去。”

龚自珍说京城“石狮子”民谣：

“城东谚曰：新官忙碌石呆子，旧官快活石狮子。盖言夫资格未深之人，虽勤苦甚至，岂能冀甄拔？而具形相向坐者数百年，莫如柱外石狮子，论资当最高也。如是而欲勇往者知劝，玩恋者知惩，中材绝侥幸之心，智勇甦束缚之怨，岂不难哉？”

（四）东晋葛洪对人才埋没现象的剖析

1. 葛洪其人

葛洪，字稚川，自号抱朴子，江苏句容人，官僚家庭出身。曾封东晋关内侯，后到广东罗浮山炼丹修道。著有《抱朴子》《神仙传》。《抱朴子》分内外两篇，内篇写神仙方药（能够治疗疟疾的“青蒿素”列于其中），外篇写历史经验。后者对人才问题有大量论述，不乏高明见解。

从葛洪身上，可以看出东晋时期在社会动乱中知识分子将儒家与道家相互融合的身影。

2. 葛洪论乱世埋没人才的普遍性

在《抱朴子·擢才》中，葛洪说：“夫玉石易别于贤愚，爱宝情笃于好士。以易别之宝，合笃好之物，犹获罪截趾，历世受诬。况乎难知之贤，非意所急……又无楚人号哭之荐，万无一遇，固其宜矣。”这是指出了人才被埋没的普遍性。具体原因如下：

（1）葛洪认为人才鉴别本身就不容易。人之贤愚比玉石更难区别，而君王爱人才也不如爱珍宝那么笃情，这就是人才往往被埋没的第一个原因。

（2）葛洪认为君王极易为专权之人蒙蔽。“人主不能运玄鉴以索隐，而必须当途之所举。然每观前代专权之徒，率其所举皆在乎附己者也，所荐者先乎利己者也。”

（3）葛洪认为人才往往遭人嫉妒、迫害。“夫贤常少而愚常多，多则比周而匿瑕，少则孤弱而无援，佞人相汲引而柴正路，俊哲处下位而不见知。”

（4）葛洪认为人才往往淡泊人生而被社会忽略。“大贤之状也至拙，其为味也甚淡，萧然自足，泊尔无知。”

3. 葛洪认为人有命运问题

葛洪认为，人除了自身努力，还有个命运问题。他说“时命不可以力求，遭遇不可以智违”。“荣显者有幸，而顿沦者不遇，皆不由其行也。”（《抱朴子·博喻》《抱朴子·刺骄》）

对于不可抗拒的命，对策有四：

（1）守节藏器待时机。就是抱志守节，等待时机的到来。“姜老值西伯而投磻溪之纶，韩英遭汉高尔骋拨乱之才。”“良才者所以俟时也。”（《抱朴子·广譬》）

（2）不因不遇而自弃。就是不要因为没有遇到机会就自暴自弃。“知之者希，名位不臻，以玉为石，谓凤为鹍者，非余罪也。”（《抱朴子·任命》）

（3）安贫乐道论富贵。就是要看透富贵，不必追慕他人。“立德践言，行全操清，斯则富矣，何必玉帛之崇乎？高尚其志，不降不辱，斯则贵矣，何必青紫之兼拕也？”

（4）乐天任命无怨忧。就是要达观，不与命运抗衡。“逸伦之士，不以否塞而薄其节，乐天任命，何怨和忧？”（《抱朴子·广譬》）

（五）魏晋玄学与怪才丛生

1.儒教走向怪异

由于汉代“独尊儒术”，所以钻研经书成为士人的追求，乃至流弊丛生。一是经学神学化，充斥谶纬迷信，荒诞无稽，为有志之士所不齿。二是经学抱残守缺，党同伐异，争论无休，令人却步。三是经学寻章摘句，日益烦琐，走进死胡同。于是一些游谈之士由儒学转向道学，玄学开始兴盛起来。

链接

谶纬之学

谶是指神秘的预言，分为符谶与图谶。纬与经相对，是对经书的附会解释。谶纬之学盛行于两汉。内容为阴阳五行、天人感应、古代河图、洛书神话。后来失去影响，转入民间地下。

2. 佛教开始传入国内

公元65年，汉明帝刘阳听说西域（新疆及中亚东部）有一种神祇名字叫“佛”，遂派使节往天竺寻访，得到佛的经典，聘请和尚，一起返回中国。佛教经典主张慈悲，反对杀戮，认为灵魂不灭，投胎转生，经过修炼，可以成佛。

佛教传入中国后，与儒教发生冲突，刺激了道教的产生。台湾学者柏杨认为，从此，中国文化在三种教派影响下，形成中国人儒教崇古、道教消极、佛教忍受的卑屈心灵。佛教擅长发表高深莫测的言论，这是玄学产生的一个根源。

3. 道教崇尚无为

道家的老祖宗老子主张无为，庄子主张逍遥，以“无用”为标榜。这么一来，晋代的知识分子在高压、恐怖之下什么也不做，什么也没有，对什么也不负责，而且成为一些士人的崇尚。这也是玄学蔓延的一个条件。很多稀奇古怪的知识分子冒了出来，令人费解。这实际上是对这个时代的嘲弄与反抗。因为政治黑暗，知识分子没有出路，没有施展才华的用武之地，只能扭曲地表现出来，给整个社会涂上滑稽的色彩。

 链接

竹林七贤的怪异之举

阮籍：大醉六十天不醒，看人青白眼，常作“途穷之哭”。

嵇康：遗世独立，啸歌竹林之内，临刑弹奏《广陵散》。

刘伶：赤身独坐，以天地为房屋，房屋为衣服，问客：“为何入我裤裆？”

4. 历史学家周非对历史上“士人”的分析

周非认为，真正的知识分子应该是知识的探索者、承载者、传播者、运用者和捍卫者。但是，在统治者的软硬兼施政策下，传统知识分子一步一步蜕变，失去了自由之思想、独立之精神。

 资料

历史上“士人”之演变轨迹

（1）士：道德君子，言行义士。

（2）策士：由学而术，功名至上。

（3）谋士：围绕帝王，尽心尽力。

（4）进士：读圣贤书，谋功名事。

（5）名士：抗争无力，清谈无益。

（六）魏晋时期影响较大的人才事典

1. 曹操主张“唯才是举”

曹操在建安十五年（210年）及之后，连续三次下求贤令，内容是针对当时选官弊病、用人标准、传统做法的。

（1）“若必廉士而后可用，则齐桓其何以霸世！……唯才是举，吾得而用之！”

（2）“夫有行之士，未必能进取，进取之士，未必能有行也。陈平岂笃行，苏秦岂守信邪。而陈平定汉业，苏秦济弱燕。由此言之，士有偏短，庸可废乎！”

（3）“若文俗之吏，高才异质，或堪为将守；负污辱之名，见笑之行，或不仁不孝，而有治国用兵之术；其各举所知，勿有所遗。”

2. 陶渊明“采菊东篱下”

陶渊明自幼志趣高洁，他的宅院旁有五棵柳树，于是自称“五柳先生”，以表达自己“不慕荣利”“忘怀得失”的愿望。他曾出任州祭酒，不久就解职而去。

后来当过彭泽县令，但常常“静念田园好”。有一次郡里督邮来县里视察工作，部下对他说应该“束带”去见上级，这令其极不高兴，不禁仰天长叹：“岂能为五斗米折腰！”这一年他 41 岁。在后 20 多年的生涯中，他一直过着“采菊东篱下，悠然见南山”的隐居生活。

陶渊明的这种与自然融为一体、远离红尘的生活方式，对后世影响极大。

3. 刘勰可能还是个人才学家

《刘子》一书，又名《新论》《刘子新论》《流子》《德言》。其作者目前尚无定论。比较可信的是刘子即刘勰。刘勰是古代著名文艺理论家，《文心雕龙》即其代表作。《刘子》一书内容丰富，涉及政治、哲学、经济、军事、文艺，也包括人才理论。

关于人才方面，刘子对人才素质、人才识别、人才任用等均有论述。例如，他强调国家必须重视、倚重人才，“国之需贤，譬车之恃轮，犹舟之倚楫也。……国乏贤，则无以理”。“朝之乏贤，若凤亏六翮，欲望背磨青天，臆冲绛烟，终莫由也。”(《刘子·荐贤》)他还认为，任用人才，既不能大材小用，也不能小材大用，发现人才贵在“听之于未闻，察之于未形”。(《刘子·知人》)

五、隋唐五代时期

（一）隋文帝整吏治、创科举

1. 隋文帝整顿吏治

公元581年，北周重臣杨坚逼周静帝退位，自立为帝，是为隋文帝。之所以称“隋”，是因为他过去曾担任过随州刺史、随国公。但“随”字有“走之”，他便将“随”改为“隋”，成为自己的国号。隋文帝在中国历史上是一个标志性的重要人物。他一生做了两件大事：整顿吏治，创设科举。

整顿吏治主要是改变过去模仿西周“名目繁多、职责不清”的状况，大刀阔斧改革：中央机构设置三省六部。三省为内史、门下、尚书。六部为吏部、礼部、兵部、都官（后改刑部）、度支（后改户部）、工部，每部各辖四司，共24司。这种形式一直沿用到明清。

在地方行政方面：（1）撤郡，设州县，实行州管县制。

（2）明确规定九品以上地方官一律由中央任免，改变以往“自辟属僚”“各媚其主”，不知有天子的旧况。（3）定编定员，大力裁减冗员、惩治腐败。（4）令官员流动，打破久居不动、拉帮结派现象。县正官3年一换，佐使4年一换，不得连任。（5）实行任职回避政策，州县官不得在原籍任职。

2. 隋文帝始创科举

公元598年，隋文帝令京官五品以上，地方总管、刺史，以“志行修谨”（德）、“清平干济”（才）二科举人。隋炀帝大业年间，又创立进士等科，标志着科举制的正式确立，实行300余年的九品中正制结束。

“进士”的意思是进贡于中央，以备录用的士人。

科举取材本质就是通过考试取人。过去的荐举却是以“德望”为主的。这就打破了世族门阀对仕途的垄断，使庶族地主有了出头之日，有利于选拔人才。

科举初创时期，只分三科：秀才科、明经科、进士科。秀才考文举，明经考经典，进士考时务对策。

“科举”的本义就是“分科取士”。《唐摭言》记载“文皇帝拨乱反正，特盛科名，志在牢笼英彦”。

（二）隋炀帝恃才刚愎而亡国

隋文帝的儿子隋炀帝杨广天性聪明，“文辞博奥”。有人说他是靠父辈得天下的，他说，就是凭我的才学与诸大夫比，也是第一。“炀帝恃其俊才，骄矜自用，故口诵尧舜之言，而身为桀纣之行。”（魏征语）

杨广的名言是“我性不喜人谏”，而且妒才心盛。先朝旧臣薛道衡诗才杰出，有“空梁落燕泥”诗句。杨广借故杀死他，恨恨地说：“复能作空梁落燕泥否？”杨广喜欢报喜，讨厌报忧，各地危机四伏还要一意孤行到江都游玩。为此，连杀四个谏阻大臣。隋末李密在讨伐隋炀帝的檄文中说：“罄南山之竹，书罪未穷；决东海之波，流恶难尽”。

隋的二世之亡，非常像秦。值得后人深思。

（三）唐代盛世空前的人才繁荣

1. 唐代：一个人才辈出的时代

细数一部中国历史，有唐一代，可谓人才辈出。这主要得益于三个皇帝：李世民、武则天和李隆基。当然，李隆基是一个分水岭式的人物。

李世民通过开科取士获得大批人才。他还建立文学馆，广纳贤才。由阎立本作画的十八学士图，反映出当时的人才兴盛盛况。十八学士为：杜如晦、房玄龄、孔颖达、李玄道、于志宁、苏世长、姚思廉、虞世南、蔡允恭、薛收、褚亮、陆德明、李守素、苏勖、颜相时、许敬宗、盖文达、薛元敬。薛收去世后，又补入刘孝孙。李世民登上皇位后，国内农业、商业、文化出现一派繁荣景象，世称“贞观之治”。

武则天沿用了贞观之治的政策，广开才路，李德昭、杜景俭、狄仁杰、姚崇、宋璟、张柬之都是杰出名臣。

唐玄宗李隆基是个有争议的人物，但其前期任命的宰相都非常杰出，故形成“开元盛世”。后期信任奸佞，由治而乱，走了下坡路。

唐代人才辈出、群星灿烂，不是只有政治家、军事家叱咤风云，而是各行各业杰出人物都冒了出来。

2. 唐太宗唯才是举

唐太宗说：“吾为官择人，唯才是与。苟或不才，虽亲不用……如有其才，虽仇不弃。”

魏征原是反对自己营垒中的人才，李世民能够捐弃前嫌，擢拜谏议大夫。

马周本是一位门客，籍籍无名。后被李世民提拔为肱股之臣监察御史，死后陪葬昭陵。

在昭陵北司马门内东西两廊，矗立着六座骏马浮雕。这是六匹为李世民驰骋疆场立下赫赫战功的骏马。从他对这六匹骏马的深深怀念，也可看出其对杰出人才的敬重。

3. 武则天开创人才新格局

武则天是中国历史上最使人惊奇的人物——一个女人登上了皇帝宝座。与唐太宗不同的是，武则天开辟了主要依靠寒族知识分子的用人政治。司马光说她："虽以禄位收天下人心，然不称职者，寻亦黜之，或加刑诛，挟刑赏之柄，以驾驭天下，政由己出，明察善断，故当时英贤亦竟为之用。"

历史学者李树喜认为，武则天选拔的人才其数量质量都不亚于唐太宗。武则天倚重的名臣有李德昭、杜景俭、狄仁杰、姚崇、宋璟、张柬之，特别是狄仁杰。这是她能够作出开创性贡献的一个主要原因。

武则天对科举制的改革有贡献，一是首开武举，二是实行试卷糊名制，促进了社会公平。(《事物纪原》)

4. 唐玄宗用人的转折

唐玄宗是一位富有文艺才华的君王。唐南卓《羯鼓录》中说他："若制作曲词，随音即成，不立章度，取适短长，皆应散声，皆中点拍。"唐玄宗还创设梨园、扩充教坊，培养了大批艺术人才。唐玄宗亲自担任我国历史上第一任综合性艺术学院院长，为发展戏曲艺术作出重要贡献。他当政初年，命相姚崇、宋璟、韩休，社会稳定、经济繁荣，出现"开元盛世"。

但是，盛极而衰，他后期开始信任李林甫、杨国忠等阿谀弄权之徒，拒绝忠言，恣行宴乐，终酿成天下之乱。安史之乱使大唐几乎跌入亡国的深渊。宪宗时宰相李绛总结这段历史经验说，“得人者治，失人者乱”。

5. 柳宗元关于人才培育如种树思想

柳宗元是唐代著名政治家、文学家。他的《种树郭橐驼传》写了一位叫郭橐驼的人，说他所种之树“或迁徙，无不活，且硕茂，蚤实以蕃”。

有人问其中原委，他说：“橐驼非能使木寿且孳也，能顺木之天，以致其性焉尔。凡植木之性，其本欲舒，其培欲平，其土欲故，其筑欲密。既然已，勿动勿虑，去不复顾。”与此相反的做法是：“根拳而土易，其培之也，若不过焉则不及。苟有能反是者，则又爱之太殷，忧之太勤，旦视而暮抚，已去而复顾。甚者，爪其肤以验其生枯，摇其本以观其疏密，而木之性日以离矣。虽曰爱之，其实害之；虽曰抚之，其实仇之。”

他最后说：“‘吾问养树，得养人术。’传其事以为官戒也。”

这种人才培养思想，对后人启发甚大。实际上强调的是要尊重人才自然成长规律。

6. 韩愈为千里马呼吁

（1）韩愈写尽千里马的委屈。

韩愈，公元768—824年在世，是唐代由盛转衰阶段的著名文坛领袖。他目睹权力为权贵把持，真正的人才难以施展才能的现实，写了一篇千古留名的好文章《马说》。

文章说："世有伯乐，然后有千里马。千里马常有，而伯乐不常有。"指出人才难被发现。

他还说："策之不以其道，食之不能尽其材，鸣之而不能通其意，执策而临之，曰，天下无马。呜呼！其真无马邪？其真不知马也！"指出用人者不知用人之道。

韩愈尽力帮助人才。当京兆尹时寻访七岁神童李贺；写《讳辩》为其不能考进士鸣不平；扶持新锐人物牛僧孺、孟郊、贾岛、张籍、卢纶，传为美谈。

韩愈的另一篇文章《师说》也对后世影响巨大。

（2）千里马成为"人才"代名词。

典出：《战国策·汗明见春申君章》："君亦闻骥乎？夫骥之齿至矣，服盐车而上太行……伯乐遭之，下车攀而哭之……骥于是俯而喷，仰而鸣，声达于天，若出金石声者，何也？彼见伯乐之知己也。"

应用：唐代诗人李贺写有《马诗》："伯乐向前看，旋毛在腹间。只今掊白草，何日慕青山。""赤兔无人用，当须吕布骑。吾闻果下马，羁策任蛮儿”。岑参《卫节度赤骠马歌》：“草头一点疾如飞，欲使苍鹰翻向后。”

李白《天马歌》：“白云在青天，丘陵远崔嵬。盐车上峻坂，倒行逆施畏日晚。伯乐剪拂中道遗，少尽其力老弃之。”

7. 刘知几论人才成功内在因素

（1）刘知几与《史通》。

刘知几，名子玄，江苏彭城（今徐州）人。20 岁中进士，42 岁担任史官，历任著作佐郎、左史、著作郎、秘书少监，撰修国史。《史通》为其史学理论著作。

刘知几的主要人才论点有：

①士人的基本素质“才德兼美”。但是实际上人与人“五常异秉，百行殊轨，能有兼偏，知有长短”。

②人才不易被知遇。“识宝者稀，知音盖寡”。

③反对宿命。“夫论成败者，固当以人事为主，必推命而言，则其理悖矣”。

④史有三长：才、学、识。他认为，在此三长中，识最重要。“识有不烛，神有不明，则真伪莫分，邪正靡别。”这是对史学人才深入的洞见，在人才研究中，可谓罕见。

（2）刘知几对后世人才研究的影响。

在唐代刘知几之后，明代李贽提出，还有一个“胆”

的要素。他说，“空有其才而无其胆，则有所怯而不敢”。

清康熙年间，叶燮又提出“力”的重要。“无识则不能取舍，无力则不能自成一家。”

清代袁枚将要素之间的关系用诗歌表述：学如弓弩，才如箭镞，识以领之，方能中鹄。

现代人王梓坤讲得最精彩：才如战斗队，学如后勤部，识是指挥员；才如斧刃，学如斧背，识是执斧的手。

（四）唐代对官员的任用与考核

1. 唐代对官员的任用

唐代科举及第，仅为取得当官的资格，还要通过吏部的考试才能做官。每年 5 月吏部向州县颁布选人标准，叫作“格”。合乎标准者，到京城找五个京官做担保，再到吏部应选。吏部铨选的标准为“身言书判”。吏部考试后，经朝廷其他部门的官员复核，确定考试等第。授官官品的大小取决于以往出身及考试等第。

取得官品的人，还要“注官”，即获得一个具体职务。通过审查，由皇帝下旨任命。授官凭信上盖有“尚书吏部告身之印”，即“委任状”。

官吏四年一任，任满解职，等待再任。唐代对文官任用在出身、经历、籍贯、亲族、回避、名讳、工商业者、伎术官、居丧期等方面有具体规定。

2. 唐代对官员的考核

在汉代，中央只对郡国长官进行考课。到了唐代，六品以下、九品以上官员都由中央任免，这么一来，就制定了共同标准与具体标准，体现了分类考核思想。“四善”是对所有官员的要求：“一曰德义有闻，二曰清慎明著，三曰公平可称，四曰恪勤非懈。”“二十七最”，则是对不同职官的要求。也就是对政治类、文化类、经济类、宗教类不同官职订出不同标准。突出对才能的考核。比如“赏罚严明、攻战必胜”为将帅之最；“访察精审，弹举必当”为纠正之最。

《新唐书》中记载：一最四善为上上，一最三善为上中，一最二善为上下，无最而有二善为中上，无最而有一善为中中；职事初理，善最不闻，为中下；爱憎任情，处断乖理，为下上；背公向私，职务废阙，为下中；居官谄诈，贪浊有状，为下下。

根据善、最把被考核者分为以上九等。认为等第不妥，可以申诉。每年一小考，四年一大考。小考定等次，大考定黜陟奖罚。

对九品以外的官员，考核标准只有四条。清谨勤公，勘当明审为上；居官不怠，执事无私为中；不勤其职，数有愆犯为下；背公向私，贪浊有状为下下。

3. 唐代默许官吏经商

秦朝重农抑商。延续到汉代，更为严重。两晋贱商，令商人必须戴头巾，上面写明自己的姓名和所卖的商品。一脚穿黑鞋，一脚穿白鞋。官吏市场的官员对他们经常乱收费。到了唐代，人们不再把商业视为末业，甚至皇帝都开始羡慕商人。诗人姚合写诗道："客行田野间，比屋皆闭户。借问屋中人，尽去作商贾。"

到唐朝后期，政治腐败，官员"多以军储货贩，列置邸肆，名托军用，实私其利息"。朝廷虽三令五申加以禁止，实际成效甚微。于是，便颁布法令，照章纳税，不得有任何特殊，实际上是默许了经商。官员经商，危害极大。这也是唐王朝走向灭亡的原因之一。

（五）唐代以开放政策集聚人才

1. 外国、外族人成为唐朝官员

从李世民开始，唐朝就展现出大国开放气象。李世民称："自古皆贵中华，贱夷狄，朕独爱之如一。"有唐一代，从中央到地方，都有外国人、异族人担任官职。计有：天竺人、阿拉伯人、波斯人、突厥人、日本人、高丽人、新罗人、越南人、粟特人、龟兹人、吐蕃人、康国人等。

通过中国科举入仕的外国人，有日本人阿倍仲麻吕，留唐50年，改汉名晁衡；越南人姜公辅（当到唐德宗的宰相）；高丽人及新罗人崔致远、崔承佑、朴仁范、崔匡裕；波斯人李彦升。李白与晁衡、崔致远很有交情，因为他们都是诗人。波斯人安拙汗曾率5000人入唐，被唐太宗授以刺史。

波斯有一王子被高宗封为“右武卫将军”。

2. 唐朝首都出现历史上最早“特区”

大唐首都长安“百千家似围棋局，十二街是种菜畦”。城内设有两个商业区：东市与西市。西市位于西南方向，街道宽18米，井字型街道划开9个区，四边临街，有220个行业。西市的特点是大众化、国际化，有大量外国商人，尤以中亚、波斯（今伊朗）、大食（今阿拉伯）人为多。政府实行保护外国商人的政策，“使公私往来，道路无壅”，对海路商船“接以恩仁，使其感悦”，“任其往来流通，自为交易，不得重加率税”。商业税一般在2%—3%的水平。不少外商“安居不欲归”。

历史学家认为，当时的长安，外国人应在5万人以上，甚至超过10万人。这在一定程度上具有特区的性质。

（六）可叹的人才错位：南唐后主李煜

在中国历史上，南北朝时期的一个皇帝南唐后主李煜是一个悲剧型的人物。此人文学才华出众。就是在被俘期间写的诗词也是他人难以企及的。“问君能有几多愁，恰似一江春水向东流！”就是他的著名诗句。

与之类似的还有南宋皇帝宋徽宗赵佶。在书法艺术方面，他自创“瘦金体”。在绘画艺术方面，他“艺极于神”，他画的《筠庄纵鹤图》，仙禽“或戏上林，或饮太液，翔凤跃龙之形，擎露舞风之态……各极其妙，而莫有同者焉”（邓椿《画继》）。他写的词，哀婉清秀；他对琴棋诗酒、文房四宝、五大名瓷都有极高的鉴赏水平；对道教也有精深研究。如果做个文学艺术人才，是十分杰出的。

他们两人的问题是，错当了主人，错用了佞人。结果直落得国破家亡，以惨死告终。这也是那个时代被扭曲了的人生之典型。

六、两宋时期

（一）“陋宋”的真相

1. 宋朝是个矛盾体

在中国历史上，谈到宋朝，一般用“积贫积弱”四个字来概括。其实，还有“孤秦陋宋”之说。秦之“孤”、宋之“陋”都不是什么好词（源于王夫之《黄书·宰制》）。还有这样的说法：炎汉盛唐，孤秦陋宋。秦的强悍、汉的恢宏、唐的华彩，宋全没有。在319年间，长期充满内忧外患。

但是，有人不这么看。例如英国著名科学史学家李约瑟，就认为相较于唐朝的“人文主义”，宋朝更具“科学技术”特色，例如三大发明。科技水平超过同期的欧洲。陈寅恪也说，“华夏民族之文化，历数千年之演变，造极于赵宋之世。”

总之，宋代经济繁荣富庶，文化昌明发达。为什么会有如此矛盾的评价？很值得探讨。其中奥秘，实在难以解说。

有一种说法：宋朝国势虽然不盛，但延绵319年，大唐290多年，清朝260多年。其中原因是否：忠厚传家久，诗书继日长？

链接

“陋宋”的人才之陋

陋宋，还包括“陋于人”。两宋人才辈出。文臣如韩琦、富弼、范仲淹、欧阳修、李纲；武将如杨业、韩世忠、岳飞，但都因为朝廷对他们采取的都是“猜忌”的“陋术”，不是被贬斥，就是遭诛杀。英雄确无用武之地。有人说，宋朝“自赵普献猜防之谋，立国百余年，君臣上下惴惴然，唯以屈抑英杰为苞桑（苞桑，根本之意）之上术。”无数人才只能将吴钩看了，栏杆拍遍，空怀报国之志，老死于牖下。

2. 两宋社会的一个重要基因

两宋社会的基因是什么？只要记得赵匡胤获取政权的历史，就可以知晓，他是依靠军事政变得以“黄袍加身”的。唐朝的地方割据，形成了地方权力的膨胀，最后导致社会动乱。因此，刚刚凭借武力获取政权的赵匡胤其决策的一个指导思想，就是如何“防忌”大权旁落。对地方势力、对下属官员，无一不采取控制、制约、削弱、打散等诸多政策，目的就是要绝对防止“黄袍加身”的故事在他身边重演。这就是大宋日后必然走向“积贫积弱”以及种种“陋”迹的总根源。

3. 唐宋是中国历史上的一条重要分界线

历史学家认为，唐宋之际是中国历史上的一条重要分界线。

从政治方面看，此前，是权力逐步从地方向中央集中；此后是权力逐步从各级政府向皇帝个人集中。

从经济方面看，均田制遭到破坏，土地买卖频繁，地租从分成制改为定额制，弱化了农民对地主的依附关系，促进了工商业的发展。

从文化方面看，儒学理学化，佛教禅宗化，文学散文化，文化平民化。

从军事方面看，唐代尚武，宋代尚文。

这些变化，对人才发展，以及制度变化之影响是潜在的，也是深刻的。

（二）宋太祖立“不杀士大夫”誓碑

有一个问题：如果你可以再活一次，你愿意生活在哪个朝代？不少人回答：宋朝。为什么？答案就是题目中的这个传说。北宋叶梦得、南宋王明清在他们的著作中都提到，宋太祖登基后三年，立在太庙后殿一誓碑。碑高 7.8 尺，宽 4 尺有余。其中第二条誓词是："不得杀士大夫及上书言事人"（不能杀为官的读书人及上书批评政治的人）。

这个"祖宗家法"影响深远。历史学家说，有宋 300 多年，知识分子地位之高，其他朝代无法比肩。可以用 15 个字来概括：文官多，俸禄高，大臣傲，赏赐厚，责罚轻。

1. 历史上两宋官员待遇最高

有历史学家给宋代包拯算过一笔收入账：其年薪合计应为 20856 贯、2360 石粮食及其他实物补贴。他这些收入按购买力折算为今天的人民币，大约达到 1250 万元。

除此之外，宋代官员还有定期疗养制度（祠禄制度）。有的官员能够领取两份"职钱"，家属按等级也可以享受衣服、酒、碳（煤）等"恩荫补贴"。收入为汉代的 10 倍，清代的 2—6 倍。这是按照一品官员计算的。

但是，如此高薪，也未能养廉。既然当官如此幸福，那么，无论如何也要保住官位。因此，官员纷纷贿赂吏部，修改年龄，不想退休。

2. 北宋首开“文字狱”之灾

虽然宋朝太祖立誓不杀知识分子，但北宋期间却是我国古代文字狱的肇始之时，第一个遭受牢狱之灾的竟是著名文人苏轼。“乌台诗案”指的是苏轼因文字而遭受御史台迫害的故事。苏轼在担任湖州太守时，作《湖州谢上表》，其中有两句话：“陛下知其愚不适时，难以追陪新进；察其老不生事，或能牧养小民。”结果被监察御史扣上“愚弄朝廷，妄自尊大”的帽子。不仅如此，他们还从苏轼刚刚出版的诗文集中寻文摘句、罗织罪名。幸亏宋朝有“不杀士大夫”的规矩，否则，苏轼必死无疑。

3. 看乌台小人怎样为苏轼制造罪名

制造罪名需要技术。对于苏轼的诗来说，就是要展开联想，凭空捏造。试举四例：

“赢得儿童语音好，一年强半在城中”——被说成是讽刺“青苗法”的。

“读书万卷不读律，致君尧舜知无术”——被说成是讽刺对官员考核太苛刻。

“东海若知明主意，应教斥卤变桑田”——被说成是讽刺朝廷搞水利工程的。

“岂是闻韶解忘味，迩来三月食无盐”——被说成是讽刺朝廷搞食盐专卖的。

（三）宋朝两次变法中的人才新政

宋朝的历史上，曾经发生过两次变法，一次为范仲淹主持的“庆历新政”，一次为王安石主持的“王安石变法”。这两次变法，都涉及国家如何培养人才问题。经过短暂辉煌之后，又均归于寂寞，不过是死水微澜。

考察其勃兴与失败，又均可找到其最终失败的原因：变法者本身之依靠的人才不对、不足，是一条重要原因。

1. 范仲淹改革的背景

宋朝的一大特点就是“冗官”“冗费”。据历史学家统计，其科举取士名额出奇的多，是唐朝的5倍，元代的30倍，明代的4倍，清代的3.4倍。恩荫制度的推行，导致大量皇亲外戚封官封爵，加上买官卖官，必然导致国家财政难以承受。

时任谏官的欧阳修下去调查时发现，湖北钟祥的“一把手”，又老又病，连路也走不了。由两个人搀扶着才能办公。三年下来，州政荒芜。而前来接替他的官员，已经70多岁，耳聋眼花，连当朝宰相是谁也不知道。

大宋不是没有人才，而是被压抑着，得不到重用。

链接

宋代“冗官”之累

宋代宰相责任重大。但此任竟无专任，少则五人，多则九人。三公多至十八人。《宋史·卷一六一》上说：“台、省、寺、监（指诸官衙），官无定员，无专职，悉皆出入，分莅庶务。故三省、六曹、二十四司，类以他官主判，虽有正官，非别敕，不治本司事，事之所寄，十亡二三。故中书令、侍中、尚书令不予朝政。侍郎、给事不领省职，谏议无言责，起居不记注……至于仆射、尚书、丞郎、员外居其官，不知其识者，十常八九。”

2. 范仲淹的“庆历新政”改革

改革纲领共10条。（1）明黜陟。严格官吏升降制度。要通过考核破格提拔有大功劳者，淘汰一批不称职的官员。（2）抑侥幸。限制那些通过侥幸途径混入官员队伍中的人。限制大官的恩荫特权，减少国家开支。（3）精贡举。改革科举，改变重诗赋的用人标准，改为重策论，提拔具有真才实学的人。（4）择长官。针对州县两级官员十居八九不称职的状况，考核政绩，罢免不才。（5）均公田。公平分配公田，让官员的收入不致悬殊，同时要求他们尽职办事。（6）厚农桑。（7）修武备。（8）推恩信。

（9）重命令。（10）减徭役。

3. 庆历新政终归流产

庆历新政的中心乃人事制度改革。改革触动了官僚集团、皇亲国戚不少人的利益，因此导致强烈反对。他们一方面拼命抵制新政，一方面大力反扑反攻。他们的手段之一，就是给实施新政的领导者造谣，进行人身诽谤（例如对欧阳修就给他捏造与其外甥女、与其儿媳妇不正当关系的绯闻）；另一个手法便是把对手打为“朋党”。宋仁宗最怕听“朋党”二字，于是也就改变了支持改革的态度。庆历新政推行一年零四个月便以外放范仲淹、富弼、欧阳修而告终结。

4. 王安石的“顶层设计”与人才新政

在王安石的《上仁宗皇帝言事书》以及《材论》《进说》《兴贤》《委任》《知心》诸多文献中，他提出了系统的改革路线与重要的人才思想。

在总体改革举措方面，主要包括：民政方面的青苗法、免役法；财政方面的均税法、水利法、市易法、均输法；军政方面的置将法、保甲法、保马法、军器监法。

王安石变法，要解决的问题有两个：财政困难与军政腐败。但人才短缺成为改革的瓶颈。为此，他指出：（1）天下广有人才，关键是君主是否重视和选拔。（2）要改革教育，同时也要重视陶冶人才。（3）解决人才问题应从教、养、取、任四个方面入手。（4）用人要唯才所宜，用长避短。（5）用更新思想对《周礼》《诗经》《尚书》进行重新解释，培养一代新人。

（四）宋代对选人用人制度的改进

1. 宋代对科举方法的改进

宋代对科举的改进主要表现在严密化上。例如：（1）创建“誊录”。就是由他人将应试人的试卷用红色的笔迹抄录一遍，防止考官从书写汉字的字体上判断出应试者是谁，加以照顾之弊端。于是，就有了所谓“墨卷”与“朱卷”之称谓。（2）开始“锁宿”。就是主考官和考场有关人员，考试期内一律食宿在贡院，防止有人“请托”。（3）别头试制度化。别头，即在省试时，对考官的亲戚，另行考试，防止作弊照顾。此举始于唐，至宋制度化。

2. 宋代对科举内容的改进

范仲淹改革的一项重要措施就是将重辞赋经义改为重策论实用。比如，他主张无论对进士还是诸科，必“先考其履行，然后取其艺业”。改革成效是“先策论，则文词者留心于治乱矣；简程式，则宏博者得以驰骋矣；

问大义，则执经者不专于记诵矣”。(《宋史纪事本末》)

王安石变法在《贡举新义》中规定，应举人不再考试诗赋、经帖、墨义之类，而以诗、书、周礼、礼记为本经，论语、孟子为兼经，并亲自主持了对这些经书的注释，士子考试一律以《三经新义》为准。

3. 宋代对磨勘制度的改进

唐代开始的磨勘制度，到了宋代也暴露出一些弊端。所谓磨勘，是为了防止申报、升降不当，而加以“复验”之义。天长日久，流于形式，变成了按年资叙迁。范仲淹对这种做法予以强烈反对。他说：“今文职三年一迁，武职五年一迁，谓之磨勘，不限内外，不问劳逸，贤不肖并进。”“神宗时，始多改革，皆使名实相副，颇与唐制相合。及徽宗时，复多所更改。”(《宋史·职官志》)

4. 宋代对“保举连坐”的改进

所谓“保举”是指，大臣举荐人才给朝廷任用，并为其作保。此举始于汉代。到了唐代，只个别有连坐事。司马光曾手书一册所荐朝士，卷端题字“举贤才”。后来证明不称职者，十不过一二。但这种保举法责任过重，连累太多，使人不敢放手。苏轼说：“夫人之难知，自尧舜病之矣。今日为善而明日为恶，犹不可保，况于十数年之后，其幼者已壮，其壮者已老。而犹执其一时之言，使同被其罪。不已过乎？”（《古今图书集成·经济汇编·选举典》）后来，对此有了补充规定。

（五）宋代文化教育发达状况

宋代教育较之唐代又有发展。宋代官学分为中央与地方两级。中央官学隶属国子监的有国子学、太学、四门学、广文馆、武学、律学、小学。隶属中央各局的有医学、算学、书学、画学。隶属政府的有资善堂、宗学、诸王宫学、内小学。

地方官学包括州学、府学、军学、监学、县学。在宋代，地方教育行政领导机构出现，即诸路提举学事司。

私人举办的地方书院名气很大。主要有：白鹿洞书院（庐山）、石鼓书院（衡阳）、应天府书院（商丘）、岳麓书院（长沙）。由于声名远播，政府就通过赐学田、任山长等方式支持，或令地方官府兴办。于是，书院有的成为官办与民办相结合的机构。这些书院培养出不少著名人才。

1. 两宋文化教育发达

经过唐末五代战乱，宋代社会逐渐安定下来。1004年，范仲淹兴起“庆历兴学”运动，此后，又有神宗的“熙宁兴学”、徽宗的“崇宁兴学”。“学校之设遍天下，而海内文治彬彬矣。”《百家姓》《三字经》《千字文》成为偏远山村的启蒙读物。活字印刷的发明促进了书籍的流通。宋代不少政治家、思想家、文学家，如范仲淹、欧阳修、王安石、张载、苏轼，都起于孤寒之家。1109 年全国学生总数达到 16.7 万。有专家认为，就社会百姓整体而言，文化素质远超汉唐。

范仲淹兴化办学

范仲淹在仁宗朝的时候担任江苏兴化知县。他不仅带领当地百姓筑堤防海，而且特别重视发展教育事业。在他任职兴化之前，当地经济文化落后，一个文化人也没有出过。他到任后，很快便在南城之外建立县学培养人才。县学内筑有文会堂，范仲淹不仅在那里亲自授课，还经常聘请各地饱学之士到此讲学。于是兴化境内，读书求学之风蔚然而起。范仲淹培育了当地百代文风。有人统计，自南宋咸淳至清末光绪年间，兴化共有 262 人中举，93 人中进士。这在苏北之地实属少见。大家熟悉的出于兴化的文化名人就有小说家施耐庵、文艺理论家刘熙载、“扬州八怪”郑板桥等。而他的“先天下之忧而忧，后天下之乐而乐”也成为千古名言。

2. 宋代文学艺术人才群星灿烂

宋代文学人才众多。“唐宋八大家”中，唐代只占两位（韩愈、柳宗元），宋代却占了六位（欧阳修、苏洵、苏轼、苏辙、王安石、曾巩）。宋代不仅出现了宋词，诗赋、文章、话本小说也成就斐然。苏轼、辛弃疾、李清照、陆游、周邦彦的诗词创作，特色鲜明，流芳百世。由于宋代商业发达，在繁华市井（勾栏）的空前娱乐中，“说话人”、各类演员都异常活跃。那里上演的幽默戏剧甚至敢讽刺皇帝。

3. 王安石对“神童”发出告诫

北宋宰相王安石写有一篇《伤仲永》的文章，通过一个亲身所见的“神童”故事，告诫世人即使是资质过人者，也不能自恃天赐聪明，最后危害自身。

王安石说，仲永五岁时，从未见过什么笔墨纸砚，却哭闹着要这些东西。其父从邻居家借来，仲永当即写下四句诗，并题上自己的名字。全乡人都来围观，争相传说。从此，人们给他指物作诗，他都能一挥而就，于是前来拜访他的人更多了。乡亲们以宾客之礼对待其父，其父感到有利可图，便领着他儿子到处拜访，也不让他好好学习了。到了明道年间，王安石在他舅舅家又见到仲永，那时他已经十二三岁了，但所作之诗，已不如从前。又过了七年，王安石从扬州回来，再次路过舅舅家顺便问起仲永的情况，回答说：跟一般人已经没有什么差别了。

4. 以司马光为代表的历史学家巍然崛起

宋代史学发达，不仅官方注重修史，私家著述也相当突出。司马光的《资治通鉴》为首推，其次还有李焘的《续资治通鉴长编》，李心传《建炎以来系年要录》，徐梦莘《三朝北盟会编》等。司马光的《资治通鉴》在中国历史学上地位崇高，除去写作方法的创新之外，对于整部中国历史的研究也作出重大思想贡献。特别是他以“臣光曰”为开头的对于每一段重要历史事件的评论，汇聚了大量治国理政的经验。其中，关于人才和人才问题的论述，异常精彩，经常被后人引为经典，也成为我们今天仍然值得倍加珍视的精神财富。

（六）宋代是个人才流动性最强的社会

1. 宋代的户籍制度

中国的户口制度始于秦国的商鞅。在他的主持下，建立了严密的户口制度。户口的功能有二：一是禁止民众自由迁徙；二是可以获得税源与兵源。

在汉代，脱籍流亡触犯法律。在唐代，形成“编户”“非编户”两个阶级。编户为良民，非编户为贱民。贱民附籍于主家，只能从事贱业（工户、乐户、杂户），依附于门阀世族的成为部曲、奴隶，丧失独立法律地位。宋代，户籍无良贱之分，而是根据居城、居乡，划分为“坊郭户”与“乡村户”，根据有无不动产分为“主户”“客户”。南宋初岳州农民“自来兼做商旅，大半在外”。客户退田离开，地主不可阻扰。宋代城市是开放的，任何人均可自由流入。一年后，即可以获得当地户口。以建康府为例，“四方失所流徙之民，往往多聚于此，皆无作业”。

2. 宋代的宦游制度

在宋朝，实行的是高度集权的人事管理制度，所有正式官员都由中央任命，在全国范围内调动。我们以司马光为例来说明。司马光出生在今河南光山县，12 岁之前，从光山到过安徽寿县、四川遂宁、河南洛阳和开封，12 岁之后，到过陕西铜川、四川广元、陕西凤翔、再到开封。不到 20 岁，搬了九次家。要问为什么？原来，他是个小孩子，必须跟着父亲走。为宦的父亲被中央调动，他就不得不到处为家。

这种官员走马灯的状态在宋朝叫“宦游”。其益处是能够增加官员阅历，而且能够防止官员结党营私；坏处是

“人生到处何所似，应似飞鸿踏雪泥”。司马光就是在这种到处走的阅历中长大的。

 **链接**

苏轼的流动路线

1037 年出生—1059 年往京都—1061 年往凤翔—1064 年往京都—1071 年往杭州—1074 年往密州—1076 年往徐州—1079 年往湖州—1080 年往黄州—1084 年往汝州—1085 年往登州—1089 年往杭州—1091 往京都，又往颍州—1092 年往扬州—1093 年往定州—1094 年往惠州—1097 年往儋州—1100 年往常州，1101 年逝世。

（七）人才现象：科学家沈括的两面人生

沈括，字存中。杭州钱塘人。嘉祐进士，参与王安石变法。《宋史·沈括传》说他“博学善文，于天文、方志、律历、音乐、医药、卜算无所不通，皆有所论”。1076 年任翰林学士，权三司使。1082 年因永乐城（今陕西米脂）失陷，连累坐贬。晚年，撰《梦溪笔谈》。该书对当时的科学技术与生产技术，如水工、木工、活字印刷、炼铁炼钢无不详尽记载。又精研药用植物与医学，著《良方》十卷。有《长兴集》传世。

1. 沈括《梦溪笔谈》的成就

沈括之代表作《梦溪笔谈》被英国科学史著名学者李约瑟称之为“中国科学史上的里程碑”，“科学史上的坐标”。全书 30 卷，609 条。内容涉及天文、数学、物理、化学、生物诸多门类，是一部百科全书式的著作，价值非凡。其内容，不仅包括自然科学，还对当时社会历史事件有不少翔实的记录。缺陷是维护统治阶级利益意识浓厚，有的地方具有唯心宿命色彩。成书时间为公元 1086—1093 年间。现已被译为英、德、法、日、意多国文字。

2. 沈括其人

沈括的沈家与王安石的王家是世交。正是由于这样的原因，沈括积极投身王安石变法，并受到特殊重用，成为一个“火箭式”干部——担任过管理全国财政的最高长官三司使等显赫职位。

苏轼被贬杭州后，沈括受神宗之命到江浙视察。临行前，神宗还嘱咐沈括不要为难苏轼。见面寒暄后，沈括要求欣赏苏轼的近期诗作，苏轼也就高兴地将诗作写给他了。没想到，日后爆发“乌台诗案”，沈括竟从苏轼送他的诗作中寻找证据，向朝廷举报，诬说苏轼诽谤朝廷、讽刺皇帝。

王安石变法重用了沈括，按理说沈括对王安石应该感恩戴德。同样没想到，王安石一被罢相，沈括便上书指责新法弊端与危害。

七、元代时期

（一）元代是怎样一种社会状况

在中国历史之南宋与明之间，有一个朝代叫元。元之取义在于《易经》。易经上说，事物之发展过程为“元亨利贞”。元，就是开始开端之意。

在中国历史上，辽、金、元三个王朝分别是契丹族、女真族、蒙古族建立的。这三个民族同处于奴隶社会阶段，在他们占领的新的汉族地区如何实行有效的政治经济文化统治，就成了一个问题。自然，人事制度如何实行也包括在内。元是蒙古联宋灭金之后建立的，因此，刚刚获得政权的蒙古贵族就必然要顺应历史潮流，抓紧建立一套新的人事人才制度。

在这个过程中，元世祖忽必烈起到关键作用。其用人制度，表现出既学习汉族先进制度，又保留了某些奴隶制、氏族制特色的混合特征。

1. 元代的开放与人才发展

元朝的国土面积相当辽阔。《元史·地理志》上说："北逾阴山，西极流沙，东尽辽左，南越海表"。由于元代儒教传统不像宋代强大，所以意识形态领域显示出一种开放的气象，各类人才出现并不少。有元一代通过海上丝绸之路交往的国家达到140多个。那时的宗教政策也多元并举。有历史学家认为，之所以出现如此开放的态势，原因主要有三：

（1）元朝统治者还没有形成意识形态专制思想。

（2）由于工商业的发展，社会对科技、文化需求上升，催生各类人才。

（3）当时社会传统的科举取士途径受到一定阻碍，一大批知识分子流入民间，创造出令世人瞩目的成就。

2. 元代社会科举取士状况

元代科举开始于延祐二年（1315年），已在宋亡后近40年。科场三岁一开，1335年即罢，前后共20年。之后，1339年复开，共不过20次。所以，元代通过科举的官员不多。由进士入官者只占1%。

明人谢坊得在《送方伯载归三山序》中说："我大元典制，人有十等，一官二吏，先之者，贵之也"，"七匠八娼九儒十丐，后之者，贱之也"。这一方面说明儒生在元代，不好用“科举”当敲门砖了；另一方面，也是一种幽默说法，不必认真。

（二）忽必烈对旧有用人政策的调整

忽必烈是蒙古国第五代可汗，元朝的第一代皇帝。他在上台之前就认为他的祖辈“武功迭兴，文治多缺”，“尊贤使能之道未得其人”。（《元史・世祖本纪一》）据历史学家朱耀廷的观点，忽必烈开启的新的知识分子政策有以下特点：

（1）在用才类型上由单纯军事型转向政治综合型。

（2）在用人方针上由奴隶制国俗重视的“累朝勋旧”转向精通汉法之人。

（3）在立国方针上由屠杀掠夺政策转向安业力农。

但是，总的来看，忽必烈并没有改变对汉人的歧视政策。这就埋下了日后衰亡的祸根。

1. 从倚重军事人才转向政治人才

忽必烈当皇帝的时候，蒙古国已经存在50多年。此前，军事斗争不断，所依靠的除去宗王子孙、功臣宿将外，都是军事人才。忽必烈一上台就发现要想治国理政，必须倚重懂得治国之道的综合型人才。首先，他寻找到的第一位高人就是隐居于深山老林的刘秉忠。其次，他还延请到宋子贞一类耆旧英贤。最后，他还邀请到一批金宋进士。赵翼在《廿二史札记》里说："元初用两国状元"，包括金国状元王鹗等。由于起用了这样一批素质很高的知识分子担当国家栋梁，忽必烈比较顺利地实现了执政大臣的知识化转型，做到了天下英才"集于元廷"。

2. 从倚重懂得国俗之才转向精通汉法之才

治国理政，必须懂得法律。但是过去围绕在忽必烈身边的人只懂得以往的国俗。而且"累朝勋旧"以为，国俗是不能改变的。这就逼迫忽必烈必须兴汉法以图长久。忽必烈为此与守旧势力进行了坚决的斗争，委任、重用了大批懂得汉法的官员。例如，中书省以汉族人王文统为平章事，张文谦为左丞；赵璧、董文炳担任了燕京路宣慰使。公元 1261 年，他任命的八个宰相、副宰相中，只有三个蒙古人，其余是汉族人、畏兀儿族人，但执掌实权的是汉人史天泽、王文统。这对稳定其统治起到重大作用。

3. 从倚重破坏生产之才转向恢复生产之才

蒙古人立国靠的是征战。征战靠的是屠杀与掠夺。蒙古人进入中原半个世纪后，是继续凭借杀戮抢掠维持自身统治，还是换一种统治方式控制百姓，使其成为"天下之主"，其最高领导者不是没有进行思考。思维的转变，实际上从窝阔台当政时期就开始了。

1270 年，辽阳人高天锡建议：“农桑者，衣食之本，不务本，则民食不足，教化不可兴，古之王政，莫先于此，愿留意焉。”忽必烈当年在中央设立司农司，不久又改为“大司农司”以示重视。同时，各路都设置了专门负责农业生产的官员，将是否重视农业生产当作官员考核的重要标准。历史记载，从忽必烈上台的 1260 年，到 1290 年，仅 30 年时间，全国户口就从 140 多万户，增长到 1319 万户。元史说“终世祖之世，家给人足”。

（三）元代人才政策的三个倒退

由于元朝的创建者是从生产生活方式比较落后的社会形态走向中原执政的，这就难免在治国理政方面附带上某些落后于发达地区的特征。这主要表现在三个方面：一是民族歧视，二是出身歧视，三是身份歧视。从历史之长河看，人事制度是不断进化的，但是局部的短时间的倒退也有可能出现。歧视就是倒退。这些歧视现象，不仅压抑了杰出人才，而且对其统治地位之巩固也带来极大的消极影响。

1. 民族歧视政策

元初实行民族压迫。忽必烈将天下人分为四个等级：

一等为蒙古人；二等为色目人（指成吉思汗征西时归顺的西夏、回族、西域以及从葱岭东西直到欧洲的一些民族）；三等为汉人（北方汉人、契丹人、女真人、高丽人）；四等为南人（南方汉人与其他各族人）。

在官吏设置上，百官皆以蒙古人为正职，其他人只能担任副职。(《元史·百官志》) 在朝廷中，汉人任宰相的只有寥寥数人，其间或有汉人担任副相的，也不得参与机要。在地方，由蒙古人充当各路达鲁花赤，永为定制。

在科举考试中，蒙古、色目人考两场，汉人、南人考三场；发榜时，蒙古、色目人为一榜，汉人、南人为一榜：授官时，考中的蒙古人授六品，色目人授七品，汉人授从七品。

在法律方面，蒙古人犯法，一般司法机关无权处理，只能由专门管理蒙古人的机关作出判决。地方司法长官，基本上由蒙古人和色目人担任。蒙古人殴打汉人，汉人不可还手，只能诉于有司。在同样条件下，汉人打死蒙古人、色目人不问原委，一律处以死刑。

2. 出身歧视政策

根据历史记录（权衡《庚申外史》），“元朝之法，取士用人，惟论跟脚”。这里的“跟脚”，所指就是出身。元代始终保持着成吉思汗建立的“怯薛制度”。怯薛即“宿卫军”之意。成员就是世勋家族子孙。制度规定这些人可以由怯薛入仕，走上做官之路。由怯薛入仕者，一般由皇帝亲自委任，一出职即为高级官员。其子孙后代都是世袭万户、千户的人，不少成为皇帝重臣。“仕途自桦黎王等四怯薛大跟脚出身，分任省、台外，其余多是吏员，至于科目取士，只是万分之一，殆不过粉饰太平之具。”(《草木子》)

3. 身份歧视政策

元代的身份歧视，表现在其“由吏入仕”政策上。姚燧在《送李茂卿序》中说：“大凡今仕惟三途：一由宿卫，一由儒，一由吏。由宿卫者言出中禁，中书奉行制敕而已，十之一；由儒者则校官及品者提举教授，出中书，未及者则正录而下，出行省宣慰，十分之一半；由吏者省台院、中外庶司、郡县，十九有半焉。”

按照姚燧的计算，元代通过怯薛当官的占 10%，通过儒生当官的占 5%，通过吏员当官的占到 85%。这是一个很大的比例。那么，元代的吏员是从哪里来的呢？是从下面官府与“岁贡”一样“呈贡”中央的。说是“不限名次，公同选举”，其实根本无法把关，队伍素质堪忧。

（四）元代对技能人才的空前重视

据《元史・选举志》记载，元代用人“工匠皆如班资，而舆隶亦济品流”。历史记载有一个善于制作良弓的蒙古工匠，在高官耶律楚材面前可以流露出傲慢的态度。可见当时掌握生产技艺者的社会地位不低。

传统工匠在中原历朝历代中并不显眼。为什么到了元代变化如此之大？估计原因是，惯于征战的民族，对儒家那一套的兴趣不如对实用技术的兴趣大。在行军打仗开路架桥活动中，实用技术更加受到他们的青睐。例如他们对“震天雷”“猛火油”一类攻占技术就很感兴趣。特别是战争中，面对强敌身怀技能者能够克敌制胜，见到实效。

这是他们从征战实践中获得的认知。

1. 从政府部门职位配置看技能人才地位

对技能人才的重视，还能通过政府对主管部门的重视程度反映出来。元代主管手工业的官署叫“将作院”。将作院下属的司、局、所多达三十有余。例如，玉器、金银器盒、玛瑙、漆纱冠冕、绫锦织染、雕木、铁冶管勾都有专门的司局管理。以其为中心，集中的全国精工良匠有成千上万。这些主管部门的官员品级都较高。例如，“将作院”总管为正二品，诸路总管为正三品，各司、局、所长官为正五品。而且这里面的任职者，不少都是从工匠中提拔充实上来的。

金哀宗讲过这样的话：“北兵（即蒙古兵）所以常取

金胜者，恃北方之马力，就中国之技巧耳。”蒙古灭金，靠的是蒙古烈马加上中原技术。

2.《农桑辑要》蕴含技能人才智慧

在中国历史上，据说唐代武则天删订过农书《兆人本业》，宋代亦有所谓《真宗授时要录》，但均已失传。元代由司农司编纂的《农桑辑要》是现存的我国最早的用以指导全国农业生产的技术性图书。内容包括了播种、栽桑、蚕事、瓜菜、果实、竹木、药草、孳畜、耕垦、生蚁、下蚁、禽鱼、变色、梅杏、缫丝等。这些农业生产技术，都是当时劳动人民从事农业生产的经验与智慧结晶。因为元代朝廷重视技能人才，他们的智慧才能通过官方指导性图书得以保存。我国的棉花种植技术，在元代就得以在全国范围内推广。

（五）元代科技艺术人才的兴盛

有元一代科学技术人才、文学艺术人才并不少。最有名的当数郭守敬、许衡、黄道婆、关汉卿等。

1. 著名天文学家、数学家、水利工程师郭守敬

郭守敬，河北邢台人，公元 1231—1316 年在世，是元代著名天文学家、数学家、水利工程师。被西方天文

学家汤若望尊称为“中国的第谷”（第谷，丹麦人，是文艺复兴时期近代天文学的奠基人）。郭守敬发明的天文仪器（浑仪测定天体位置，圭表测定二十四节气，还有侯极仪等）一直应用到20世纪。他设计的运河至今还在发挥作用。今天流淌的北京京密水渠，依据的也是他提出的科学原理。

郭守敬创制的“授时历”在我国沿用历400年之久。为纪念郭守敬，国际天文协会将月球背面的一座环形山命名为“郭守敬环形山”，将小行星2012命名为“郭守敬小行星”。

2. 百科全书式的学问家许衡

许衡，字仲平，亦称鲁斋先生，河南沁阳人，公元1209—1281年在世。过去认为他只是一代大儒、理学大师。现在定位为中国13世纪杰出的教育家、思想家、天文历法学家。

许衡出身农家，曾被蒙军掳去充军，后以教书为生。在教学中，“凡经传、子史、礼乐、名物、星历、兵刑、食货、水利之类，无所不讲”。忽必烈即位后，许衡任中书省议事、中书左丞，曾与刘秉忠等一起，制定朝廷礼仪和官制，推动元朝政治制度汉化。

许衡道德高尚，信奉“不食道旁无主之梨”的价值观念和道德操守，而且教子有方。其第四子许师敬先后三居相位。许衡的代表作有《鲁斋集》《鲁斋心法》《授时历经》等。

3. 纺织技艺发明家黄道婆

黄道婆，元松江府乌泥泾镇人。公元 1245—1330 年在世。出身贫苦，少年时流落至海南岛，生活在黎族社会，学会运用制棉工具和织崖州被的方法。重返故乡后，教人制棉方法与织造技术，所织被褥“粲然若写”。

由她发明的织造技术，很快广为传播，“乌泥泾被不胫而走，广传于大江南北”。黄道婆去世之后，松江府很快发展成为全国最大的棉纺织中心，获“衣被天下”之美称。

为了纪念这位民间妇女发明家、技艺大师，元顺帝时，松江人民为之立祠，永世缅怀。

4. 元代文学艺术大家关汉卿

“唐诗宋词汉文章”，人们经常这样称赞过往的文学艺术。那么，元代的水平如何呢？似乎元曲不足以夸耀。但其实元曲的价值不容忽视和贬低，很多元曲作家的文学艺术创作水平很高，有的达到令世界瞩目的水准。元曲作家众多，著名的有关汉卿、马致远、郑光祖、白朴。其中，关汉卿成就最大，被誉为“东方莎士比亚”。

关汉卿，大都医家出身，号斋叟，约 1229—1297 年在世。关汉卿的代表作有《窦娥冤》《望江亭》《单刀会》《拜月亭》等。他一生不官、不商，专心从事文学艺术事业，“驱梨园领袖，总编修师首，捻杂剧班头”，著有杂剧 67 部，存世 18 部。创作内容具有强烈的现实主义倾向和浓郁的时代气息。

八、明代时期

（一）明代社会与人才总况

朱元璋开创的大明王朝，总的来看已经走在了专制社会的下坡路上。

朱元璋刚刚登基的时候，有一种开明重才的气象。到了后来，则大杀功臣，对内实行严酷统治。明代从立国初期就实行“片帆不得出海”的锁国政策，“寸板片帆不许下海”，严重封闭了自己，阻碍了社会经济发展。加上国内特务横行，宦官操控权柄，捕快鱼肉百姓，对于多数正直的士人，构成了严重的生存威胁。很快，农民起义加上入关的清军，就埋葬了大明王朝。

（二）朱元璋时期的人才政策

朱元璋出身贫苦。在中国历史上，真正从农民干起，一路夺取政权直至当上皇帝的，除去刘邦就是朱元璋。

朱元璋基本是个文盲，但是皇帝当得不错。所以毛泽东说不要小看“大老粗”，“大老粗出人物”。朱元璋的个性比较复杂。晚年以猛治国，惩治贪污，严肃法纪，曾经搞得人人自危，也滥杀了不少人。但在爱惜人才、集聚人才、使之发挥作用方面，也有成就。

在北定中原前，是先打陈友谅，还是先打张士诚？朱元璋分析到位：陈志骄而张量小，朱陈决战，张士诚将会旁观不顾。所以要先陈后张。这种“次第经略”是了不起的。也是朱元璋能够统一天下的重要原因。可以说，研究人才之成功，应该关注朱元璋。

1. 明示“不以前过为过”方针

朱元璋夺取政权后，面临着一个问题，就是如何对待那些曾经为前朝服务的读书达人？朱元璋即位不久，就颁发了《求贤令》。他说：“贤才，国之宝也。”“鸿鹄之能远举者，为其有羽翼也；蛟龙之能腾跃者，为其有鳞鬣也；人君之能致治者，为其有贤人而为之辅也。”他以“不以前过为过”为口号，号召民间与基层的读书人走出山林，为国服务。比较有名的响应者有刘基、杨维桢、李仕鲁、秦从龙、张旭等。

2. 提倡“老少参用”

朱元璋有个观点：50 岁以上的人，长处是熟悉业务，短处是精力已衰。因此，主管选拔官吏的部门，应该注意选拔 20 岁以上的俊秀之士，并把他们充实到各级行政机构中去，与老年官吏“参而用之”。

在重用年轻人才的同时，朱元璋还十分关照老年官员，曾下旨要把 40 岁以上、60 岁以下官员中的适用者安排到朝廷任职，把 60 岁以上、70 岁以下的合适者安排到翰林院担任参谋、顾问。他的这些合理做法曾经受到后世康熙、乾隆、孙中山的肯定性褒扬。

3. 神经过敏带来残酷文字狱

朱元璋从小放牛、当和尚，流浪于社会底层，没有受过正规教育，对知识分子有一种天然的忌恨与疑心。一旦执掌政权之后，唯恐那些读书人瞧不起自己，甚至受其捉弄，因此处处警觉，稍有怀疑就大开杀戒。

兖州知州卢熊上奏请求将兖州的大印改一改。不小心把“兖”字写成了“衮”，朱元璋认为是嘲弄他不识字，而且让他“滚蛋”，无辜地将其杀死。

朱元璋当过和尚，而“法坤”的发音与“发髡”相似，所以，当一位叫许元的教谕写作《万寿贺表》，用了“体乾法髡，藻饰太平”时，就被朱元璋怀疑是骂自己是光头和尚，而且诅咒其早死（“藻饰”），又被砍头。类似事情太多。

4. 最大特点："责实求贤"

有人才研究者对《明史》列传进行研究，发现明太祖时期的知府、都指挥、侍郎，以至侯、国公等文武官员与勋臣，正式列传者计124人。这些人中，来源于战争年代起事、投奔、归附者75人，占60%；来源于举荐者41人，占33%；来源于科举取士者8人，占6%。也就是说，朱元璋不迷信科举，他所重视的是"责实求贤"。这是一般开国皇帝的做派，识人、选人颇具魅力。

他在位期间共录取7名状元，历史证明只有一位有真才干，得以善终。（参见苗枫林《中国用人史》）

5. 刘基寓言论人才

刘基，字伯温，浙江青田人，公元1311—1375年在世。他23岁中进士，担任过高安县丞、江浙儒学副提举、浙东元帅府都事，是辅佐朱元璋的开国功臣，被朱元璋誉为"汉之张良"。后人也称赞他是"孔明转世"，足智多谋。刘基后来受到当政者压抑，就隐居山林。远离政治之后著有《郁离子》，它是一部通过讲寓言而表达个人见解的著述。有研究者说，此书中有20多篇寓言，实际上是论述人才和人才问题的。郁，是有文采之意；离乃八卦的离卦，代表火的意思。郁离即文明。取这样一个书名，是说天下若用斯言，必定可达文明。

（1）刘基论如何确定人才标准。

在《八骏》这篇寓言中，刘基说，自从善于识马的造父去世之后，人们就不会辨别好马坏马了。在某个王宫中养的马，怎么判断哪匹为好马呢？就以产地来划分了。决定：冀州产的马为上乘，供君主驾乘；冀北产的马为下乘，供公卿骑乘；江淮产的马为散马，只能服杂役。

有一天，强盗入宫，急需调马参战。有位管马人说，我管的马是供君主骑的，不能出去参战；有位管马人说，我管的马平时吃得少，干活多，也不应该先由我的马上阵。

结果，争论还没结束，强盗早把他们的马给劫走了。这是讲人才不能以籍贯、出生地划分尊卑高下，确定职业分工。可惜，现实真的会出现这种荒唐事。

（2）刘基论选人勿为表象迷惑。

刘基说，有位山中老丈称，岷山之阴，有一种叫做黄良的草药，外表很难看，而且味如苦胆。但是，如果煮而服之，却无秽不涤，“烦疴毒热，一扫无迹”。这是一种高效的良药啊！还有一种草药，外形很美，“其状如葵”，但是，只要它的叶露滴到人的身上，却能“刻骨绝筋”，它就是断肠草啊！长眼人“勿求美弗得，而为形似者所误”！

刘基在这里讲的是领导者选人千万不要为其表象所误。

（三）确立八股：科举走进死胡同

科举取士，首创于隋。有人说，唐是其少年，宋是其青年，明是其中年，清是其老年。其实，明代就显示出其走向末路的特征：八股文成熟。

洪武二十四年（1391 年），政府颁布了科场文字格式、怎样出题、怎样作答。考生不准议论国家大事，如要议论，只能在篇末。后来又规定，篇末也不准议论了，而且语气要模仿古人，特别是答卷格式一律“体用排偶，谓之八股”。从此，八股文开始泛滥，时称“制义”或“制艺”，谬种流传，误国害民。

由此可见，任何一种东西，哪怕创立当初是好的，如果遵照旧路不断发展下去，最终也会走向反面。它的成熟之日，往往就是其没落之时。科举发展到八股，是一个消亡的标志。

八股文要求写作者必须将文章分为八个段落。即“破题”“承题”“起讲”“入手”“起股”“中股”“后股”“束股”。破题要用两句话，阐明题目要义；承题要用三句话承接破题的意义；起讲是议论的开始，不准再涉及题意；入手为正式议论的开始；从“起股”到“束股”，方是正式的议论。而其中“中股”是重中之重，全篇中心。主要内容均要集中在这里。还规定，八股之间，必须有固定的虚词联系。如开头要用“且夫”“常思”之类的词汇。“起股”之后，必须有两股文字用排比对偶方式写出。句子之长短，文字之多少，声调之缓急，必须相互对称。

在字数方面的要求是，不能少于300字，也不能多于700字。试题低二格，试文顶格，行文要求避讳。凡不符合要求者，一律取消考试资格。

由于八股文体死板、限制思想、咬文嚼字、误人子弟，所以受到明末顾炎武严厉批评：“八股之害，等于焚书”。

（四）明代升起的四颗科技明星

在中国农业社会的漫长历史上，孔子“学而优则仕”的读书做官思想占据主导地位，仕途经济成为多数人出人头地的梦想，追求科学技术者，稀如凤毛麟角。

但是，到了明代后期，有四位年轻人在科学技术探索方面作出了杰出的贡献，成为闪烁于中华历史星空上的不朽光辉。他们就是医药学家李时珍、地质地理学家徐霞客、实用科学技术大师宋应星、第一个向国人介绍西方科学技术的著名科学家徐光启。

1. 李时珍与《本草纲目》

李时珍，湖北蕲州人，公元1518—1593年在世。医药世家出身。14 岁考中秀才，后曾三次参加乡试均以落榜告终。从此开始行医。《本草纲目》为其几十年行医实践之经验总结。该书纠正了以往医书对药物分类错误、名称混杂、缺少记载等问题，共收入药物 1892 种，比前人增加 374 种。收入药方 11096 个，比前人增加 4 倍。绘制插图 1110 幅。纠正了前人的不少谬误。例如，前人陶弘景说，“远志”叶小，一本药书却说“远志”叶大，李时珍通过实际调查弄清楚了“远志”有大叶，也有小叶，是两种类型。对于前人的“金液”可使人成仙、水银为长生不老药的记载，他也给予了纠正。《本草纲目》是我国古代最巨大的药物学成就，在世界医药史上占有十分重要的地位。

2. 宋应星与《天工开物》

宋应星，万历十五年（1587 年）出生于一个世代为官的“三代尚书第”家庭。按理说，他应该走科举显身之路，但自 1615 年中举之后，五次北上参加会试均遭失败。于是决心放弃科举，转向研究同国计民生关系密切的科学技术，成果累累，51 岁那年他的《天工开物》刊刻面世，惊动海内。宋应星的研究范围宽广，涉及农学、煤炭、矿石、缫丝、纺织、染整、颜料制作、榨油、制糖、造酒、造纸、制油、制盐、金属冶炼、铸造、锤锻、陶瓷、车船、珍珠、玉石、养蜂养蚕，简直成为一位百科全书式的人物。

宋应星不仅忠实记录了劳动人民的创造，而且勤于思考探索，敢于超迈前人。例如，他发现了水稻变旱稻以及蚕蛾杂交变异的情况；最早记录了如何合理使用有机磷肥；记录了砒霜拌种能够防止病虫害；注意到水银与硫磺炼硫化汞的反应过程，新产生的硫化汞重量超过水银，超过的重量相当于硫的重量。这说明，他不仅有了化合物的概念，而且有了质量守恒的思想萌芽。他关于物种变异的观点早于欧洲 120 年。

3. 徐霞客与《徐霞客游记》

徐霞客，出生于万历十四年（1586 年），19 岁丧父。他从小对四书五经就不感兴趣，而对祖国河山充满向往。他“蓄五岳志”，决不做“藩中雉，辕下驹”，并受到其母亲的热情鼓励。母子同道，实在是徐霞客得以成才的一个突出亮点。徐霞客酷爱读书。看到没有见过的奇书好书，“即囊无遗钱，解衣市之，自负而归”，以致“充栋盈箱，几比四库”。他战胜了常人无法战胜的征途艰辛，虚心向居民、商贩请教，写出了具有极高学术价值而又文字优美的《徐霞客游记》。英国科学史家李约瑟称赞说：“游记读来并不像是 17 世纪学者所写的东西，倒像是一位 20 世纪野外勘测家所写的考察记录。”

徐霞客对我国西南部石灰岩分布状况的考察，与今日的实地调查相符；他对长江源头的考察，纠正了《禹贡》上说的源于岷江的错误；他考察了气候、地形对植物产生的影响，记述了植物与环境的关系。

早在清代就有人对《徐霞客游记》作出“古今游记之最”的评价，称赞游记为“世间真文字、大文字、奇文字”。

4. 徐光启邃密群科

徐光启 43 岁中进士，后被任命为吏部尚书。但是，他不是热衷功名者，而是一位志存高远、知识渊博的科学家。

徐光启是我国历史上系统向国人介绍西方科技知识的第一人。1607 年，他与意大利传教士利玛窦合译的欧几里得《几何学》前六卷定稿出版。以后，又与利玛窦合译《测量法义》《测量异同》，认为学习几何知识可以“率天下之人而归于实用”。

崇祯即位后，他在修订历法过程中，又将天文学知识介绍给大众。他与西方科学家合作编成了 100 多卷的《崇祯历》，在“星录”部分，绘出整个天体的恒星图，是我国天文学之首创。他还是最早提倡用望远镜观察天体的科学家。

徐光启的《农政全书》共 60 卷、12 大目、60 万字，是一部综合性的农业学术著作。

（五）明代军队实行“卫所制”

明代之前的兵制有所谓“征兵制”与“募兵制”。征兵遇有战事征集，战后复员，好处是节省军费，但影响农业生产，战斗力较差；募兵是组织职业军人，平时训练，战时打仗，好处是战斗力较强，但多为无业游民，整体素质差。朱元璋建国初期与刘基通过一起研究历代兵制，认为应取两者之长，避两者之短，创立“卫所制”。

“卫所”乃军队单位之名称。军事要地设卫，其他地方设所。每卫人数大约5600人，每一个百户所人数110—120人。军人世代相袭，平时屯耕，战时打仗镇守。

朱元璋对卫所也不放心，采取了多种措施加以控制。

（1）将国家最高军事机关大都督府一分为五，分别管领所属都司、卫所。

（2）使都督府与兵部互相牵制。都督府管理军籍、军政，无权指挥军队。兵部铨选军官，颁发军令，也无权指挥军队。军队只能由皇帝一人调动。

（3）采用分封的办法将自己的23个儿子封为藩王。用藩王监控各卫所的将领。遇有战事，卫所将领既要拿到盖有皇帝御宝的文书，又要得到藩王的命令，方可调动军队。

（六）黄宗羲其人其事

黄宗羲（1610—1695年），明末清初著名哲学家、思想家、历史学家。他的一生以《明夷待访录》为代表作，涉及史学、经学、地理、律历、数学、诗文50余种，近1000卷。他大胆抨击专制制度，提出建立民主政治、实现天下为公的改革蓝图。对于人才的使用也提出一系列真知灼见，带有制度设计意图，富有创新精神。他提出的“周期律”总结了历代专制王朝的发展规律，令世人警醒。对于我们今天深化改革开放，也具有启示意义。

1. 主张出仕为天下而非为君

黄宗羲继承发展了孟子“民为贵，社稷次之，君为轻”的民主思想，提出“天下为主，君为客，凡君之所毕世经营者，为天下也”。在他看来，尧舜禹是为天下的典范，而后世之君，“以天下之利尽归于己，以天下之害尽归于人”，这就违背了“设君之道”。有识的士人“出而仕”，应该为天下，而不应为君。所以专门讨国君喜欢的士人，属于宦官宫妾心态，违背了做人臣的职分。黄宗羲把压抑在社会最底层的万民放到至高无上的地位，要求官员做万民的公仆，实在是了不起的政治观点、为民思想。

2. 提出有利于民主的制度设计

黄宗羲考察了历史上的皇帝是怎样一步一步将权力集中到一己之手的。他看到，在统治阶级内部，皇权与相权是一对重要矛盾。从汉武帝开始，就不断逐步削弱相权。东汉尚书台成为权力中心，丞相等“三公”形同虚设。隋唐三省分掌政令，北宋二府三司相互牵制，也是为了分化相权。到了明太祖时期，干脆罢免了丞相与中书省，由皇帝直接领导六部。黄宗羲专门撰写《置相》一文，提出置相能够限制君权，还可以弥补天子“传子不传贤”的不足。黄宗羲的理想是通过置相，扩大民主，降低个人独断的决策失误，达到兴利除弊的目的。

黄宗羲还对如何防止“宦官”专权、解决“胥吏”害民问题提出过建议。

3. 主张“公其是非于学校”

黄宗羲认为：“天子之所是，未必是；天子之所非，未必非。天子亦遂不敢自以为非是，而公其非是于学校。”

“公其非是于学校”，就是要扩大学校的职能，使之成为议事机构。学生必须学习研究与国计民生相关的学问。郡县的学官也不应该由朝廷任命，应该郡县公议，请名儒主之。国家大学的校长应该推择当代大儒，其重如宰相等，或宰相退处为之。要将聘任教师的权力交给校长。校长、教师也应该接受学生的监督，根据他们的意见决定撤换。

4. 对人才宜“宽取严用”

黄宗羲明确提出对人才要宽取严用。他是针对明代人才发展只有科举一途而言的。他批评说：“严于取，则豪杰老死丘壑者多矣；宽于用，此在位者多不得其人。”他主张取人之途除科举外，还可以进一步拓宽。计有：荐举、太学、任子、郡邑佐、辟召、绝学与上书。

荐举：每年每郡荐一人。量才授官。若为庸下之才，举主坐罪。

太学：州县学生择优升太学。太学生分为三等，上等宰相分之为侍中属吏。

任子：州县官吏子弟分别进入州县学及太学学习。合格者方可为官。要避免他们与庶民子弟一起参加科举，争夺名额。

郡邑佐：郡县各设六曹，提学试弟子高等者分置之。使教育与政治结合，让学生在实际工作中锻炼。

辟召：宰相、六部、方镇及各省巡抚可自辟其属吏。

绝学：在历算、乐律、测望、占候、火器、水利等方面，如有发明，考其成果，使之待诏，否则罢归。

上书：国有大事大奸，朝上不敢言而草野言之者，处以谏职。以所著书进揽，足以传世者，与登第进一体出身。

九、清代时期

（一）清代社会与人才状况

清代是中国的最后一个帝制王朝，是中国一个少数民族建立起来的王朝，又是中国半殖民地半封建社会的开始的王朝。清朝统治中国268年，这其中，以1840年鸦片战争为界，划分为两种不同的社会形态。此前为古代社会，此后为近代社会。

但就人才形态而言，1905年的废止科举实际上是个分水岭，意义更大，从此具有现代意义的“专门人才”陆续登上历史舞台。美国学者吉尔伯特·罗兹曼说：“1905年是新旧中国的分水岭。它标志着一个时代的结束和另一个时代的开始，必须把它（科举废除）看做是比辛亥革命更加重要的转折点。”（《中国的现代化》）

在这段时间发生的洋务运动、戊戌变法风雷激荡。蕴含着丰富人才思想的典型事件，至今仍然能够带给人们以许多深刻的思考。

（二）精心设计促进汉人归化

1644年，清军入关，标志着另一个由少数民族执掌的国家政权即将登上历史舞台。他们一路厮杀，攻城略地，大喊“留发不留头”！但是，他们心中的恐惧却是难以抹去的：中原汉人能够屈服于我大清的统治吗？为了真正能够站住脚跟，他们进行了深入的思考、精密的设计，其中不乏如何归化原本效劳、忠诚于大明政权人才的重大举措。今天看来以下三个方面的促进归化策略是相当成功的。

1. 正确确定国号

“清”之前身称“后金”。蒙古灭金于公元1234年。后金是努尔哈赤于公元1616年建立的。它是一个由女真族人建立的奴隶制国家。

大明崇祯九年，也就是公元1636年，努尔哈赤之子皇太极采纳汉人范文程的建议，于盛京（今沈阳）即皇帝位。并将“女真人”改称“满洲人”，将“后金”改称为“清”。

这样一种关于国号的决定，意义深远：因为历史上曾经发生过金人南侵的事情，改称“清”，则能够避免汉族人萌发民族仇恨，有利于南下开拓、征服中原。

2. 宣扬承续正统

在中国历史上，正统思想十分浓重。凡事情要问：符合不符合正统？符合，则容易得到民众拥护；不符合，则常常受到民众抵制。清朝统治者从打进山海关那天开始，就非常懂得如何做才能让中原人接受他们，而且认为他们执掌政权具有无可怀疑的合法性。良策之一，就是给自缢而死的大明崇祯帝大办丧事。

清摄政王多尔衮在进占北京后就颁布一道命令："流贼李自成系故明百姓，纠集丑类，逼陷京城，弑主暴尸，括取诸王、公主、驸马、官民财货，酷刑肆虐，诚天人共愤，法不容诛！"决定为崇祯帝服丧三日，以展舆情。不久多尔衮又宣布：崇祯帝谥号为端皇帝，庙号思宗。

顺治帝亲政后，命工部为崇祯立碑，碑文写道："朕念故明崇祯帝尚为孜孜求治之主，只以任用非人，卒致寇乱，身殉社稷。若不亟为阐扬，恐千载之下，竟与失德亡国者同类并观。朕用是特制碑文一通，以昭悯恻。"

这样做，既能表示清廷继承的是大统，又能收揽汉人之心。

3. 实施尊孔方略

要想征服汉人，就要懂得汉人相信什么，敬重什么。清朝统治者很快就把尊孔这件事摆在了重要位置。顺治帝从盛京到北京举行的继位大典，就把孔夫子65代孙孔胤植拉过来，封为衍圣公。第二年，又加封孔子为“大成至圣文宣先师”。接着又举办了一系列尊孔行动。

最重要的是要用儒家忠君思想作为治国的指导思想，以利政权稳定。

这么一来，清朝统治者就利用软硬两手，实现了执政初年的统治稳定。

（三）洋务运动、戊戌变法中的人才主张

1. 洋务派的人才新见

两次鸦片战争的失败，使清政府的部分高层官僚认识到在英法联军密集的炮火之下，骁勇的蒙古骑兵如何不堪一击。西方军事装备与科学技术的强大，激起他们学习西方科技以维护清政府统治的思潮。这些人就成为19世纪60—90年代的所谓“洋务派”，代表人物有奕䜣、文祥、曾国藩、李鸿章、左宗棠等。他们的主要作为是：（1）发展军事工业以及采矿、交通运输、机器工业、电讯业；（2）建立洋务学堂，翻译西方著述，选派留学生出国；（3）在政府设立外交机构——“总理各国通商事务衙门”；（4）在北京、广州设立专门培养翻译人员的“同文馆”“广方言馆”；（5）购买外国军舰，设立海军衙门，

建立北洋舰队；（6）聘用西方技师、顾问。

洋务派的指导思想为“求强”“求富”“中体西用”“师夷之长技以制夷”。

但是，甲午海战的失败，证明了只学西方的坚船利炮不足以挽救中国。

2. 戊戌维新与思想启蒙

鸦片战争之后，外国列强不断强迫清政府签订不平等条约，割地、赔款、片面最惠国待遇，致使中国逐步丧失独立自主地位，不断半殖民地化。1895年春，清政府准备与日本签订《马关条约》的消息传来，正值当年举人会试，人们的反抗情绪立即激昂起来。康有为、梁启超等人代表1300多名举人给皇帝上《万言书》，要求阻止《马关条约》签订，“拒和、迁都、变法”，“保国”“保种”“保民”“保教”。1898年6月11日，光绪皇帝下诏“定国是”，颁布了一系列维新变法诏令。主要包括：（1）精简机构，裁撤冗官，添设海军，允许士民上书言事；（2）提倡实业、允许专利，保护农工商业；（3）废除八股，改革科举，兴办新式学堂，翻译西书，准许自由开设报馆，成立学会。虽然并非要实行什么大的变革，却给整个中国带来一线新的希望。

对这样一些稍稍有利于中国进步的举措，统治集团的“后党”（光绪皇帝为“帝党”）也不能容忍，不仅囚禁了光绪帝，而且残酷地杀害了谭嗣同、康广仁、杨深秀、林旭、杨锐、刘光第六君子。康有为、梁启超逃亡海外。但是戊戌维新否定帝制、民有易君之权的思想，犹如一股汹涌的潜流，必将演变为冲决罗网与藩篱的革命洪流。

（四）留学生、女学堂与外交官

1. 中国留学生制度发轫

“留学生”一词来源于唐代。当时日本派遣唐使的同时，也派来一些学生。学成随遣唐使回国者叫“还学生”，仍留在中国的叫“留学生”。从那时起这个名字一直沿用下来。

道光二十七年（1847 年），清政府中的有识之士建议选派留学生出国学习，容闳就是中国第一批赴美学习的留学生。同治九年（1870 年），学成回国的容闳通过曾国藩，建议从实际情况出发选派幼童留学。第一批幼童到达美国后，经数年学习后归国，他们之中就有杰出的铁路工程师詹天佑。

从此，清政府先后向英法德日派出不少留学生，他们不仅带回来了西方先进的科学技术，而且带回来了新思想、新观念、新作风。他们的所学专业包括了造船、建筑、矿务、法律、通信、医疗等。

2. 中国女学堂创设

中国妇女在历代倡导“三纲五常”社会中的地位，是低下的、受压迫的。

1892 年，在西方列强侵凌中国、中国人救亡图存的大背景下，陈虬在其《救时要议》中率先提出：“设女学以拔取其才，分等录用，此自强之道也。”

1894 年，谭嗣同提倡学习西方开设女校，使“妇女无不读书”。康有为在《大同书》中反复论证女子为学的可能性，认为剥夺女子入学是“背天心而逆公理”的。梁启超在《时务报》撰文，提出“欲强国，必有女学”。

1897 年 10 月 26 日，上海电报局局长经元善创办的中国女学堂正式成立，暂招学生 40 人。创办之初，缠足不缠足俱收，数年后，缠足不收。所招学生，必为良家闺秀。康有为、梁启超、康广仁、经元善皆为该校“外董事”。

1899 年，中国女学堂声名鹊起，江苏、松江、广东陆续出现女学堂。但是，随着戊戌变法的失败，女学堂逐步被迫关闭。

3. 中国最早的外交人才

鸦片战争后，中国最早提出聘用西洋技术人才设想的是魏源。20 年后，咸丰帝批准在军队、交通运输、工矿企业雇用了一些外国人。聘用权力掌握在地方官员手中，合同须报中央户部与总理衙门备案。

鸦片战争后，清政府被迫设置五口通商大臣。该职务先由两广总督兼任，后来才成立“抚夷局”，继而成立“总理各国通商事务衙门”，并由此开始组织驻外机构。但是，没有外交人才怎么办？为此，清政府采取了以下三条举措：（1）设立同文馆，专门培养外语外交人才。（2）遣使出访欧美。1867 年，正式派遣中国第一个使团访问美英法瑞丹荷德俄诸国。（3）筹建清政府驻外使馆。郭嵩焘为驻英公使，刘锡鸿为驻德公使，陈兰彬为驻美公使，何如璋为驻日公使，崇厚为驻俄全权大使。

（五）近代学制初步奠定

清政府在废除科举制的同时，废除了中央的国子监以及地方府学县学。光绪二十八年（1902 年），清政府颁布《钦定学堂章程》，翌年，又对其进行修订，颁布《奏定学堂章程》，全国实行新的学制。这一年是癸卯年，故称“癸卯学制”。

癸卯学制规定，学制分为三段七级。

第一段为初等教育。共 13 年，分蒙养院、初等小学、高等小学。初等小学必修科目为修身、经学、中国语文学、算术、历史、地理、格致（物理）、体操 8 门；随意科有图画、手工；高小必修课除以上 8 门外，加图画，随意科酌加商业、农业。

第二段为中等教育。学制 5 年，必修课除高小的 9 门外，另加外语、博物、化学、法制和理财，共 14 门。

第三段为高等教育。学制 12 年，设高等学堂（或大学预科）、分科大学、大学院三级。高等学堂开始分科，政科设伦理、经学、诸子、词章、算学、中外舆地、外语、格致、名学、法学、理财学和体操等；艺科设伦理、中外史学、外语、算学、物理学、化学、动植物、地质及矿产学、图画和体操等；大学设政治、文学、格致、农业、工艺、商务、医学和经学；大学院则以研究为主，不设课程。

在癸卯学制中，实业学校也划分为初中高三级，分别相当于小学、中学、高等学堂。

（六）过渡时期政策：两种人都给出路

从 1872 年清政府派出第一批留学生以来，到科举终止，这 30 多年的留学生回国之后，基本上无事可做。由于当时连科举出身的人也难觅职位，于是，接受过先进教育而被压抑着的留学生们很多参加了革命党，学习了工程技术和法律的人有的去丢炸弹，让清政府坐立不安。留学这件事，对于清政府来说是“种瓜得豆”。

对于国内原本想着走科举之路的人，需要打个招呼，告知他们录取名额将逐步减少，需要提前另谋他途；对于归国学子则需要告诉他们，对他们同样看待，也会择优而用。

总之，两种人都会给出路。

严复的苦恼与幸运

严复1879年留英归来。他学的专业是海军，回国发现根本没有这个行当，只能另谋出路。于是开始认真备考举人。他从1885年开始，到1893年一共参加四次家乡的科考，均以铩羽而归告终。他万念俱灰地将自己比做要献玉给国家的卞和，只能放弃这条路，做起了翻译英文书籍的事情。没料到，他翻译的《天演论》一举成名。康有为盛赞其为“中国西学第一者”。

1910年，清政府对早年归国留学生免试授予进士出身，以资奖励，59岁的严复闻此赋诗云：“自笑衰容异壮夫，岁寒日暮且踟蹰。平生献玉常遭刖，此日闻诏本不图。”

（七）封闭僵化的人才政策

清代延续明代的封闭自守政策，不准片帆出海，自我欣赏天朝的物产与文明，不知世界已经走到何年何月。

英国人赫德从1863年起就担任了大清海关总税务司，执掌中国海关近半个世纪。他的儿子赫承先在中国长大，并且仰慕中国文化，还买了北京户口，捐了监生身份，准备参加科举考试。没料到这件事受到清政府官员的坚决拒绝。他们的逻辑是：科举代表的是荣誉。我金钱可以给你，官位可以给你，但荣誉决不能给你。

这件事令赫德既懊恼又气愤。因为他是支持儿子参加考试的，而且还为儿子聘请了有名的家庭教师辅导。有人分析小赫的考中率蛮高，因为他文章饱满畅达，楷法端谨不率。为什么不予准考呢？

为了安抚这对洋人父子，清政府借皇帝万寿庆典之机，赏了小赫一个三品衔候选道。《清代野记》作者对这件事嘲笑道："呜呼！彼时若当国诸大臣能通权变者为之奏请，特赐二举人，一体会试，既不占乡试皿号中额，又使外人入我彀中，岂不大妙？乃竟听其攻而去之！"据说李鸿章也为此气得大喊："朝中无人！朝中无人！"

链接

唐代、宋代科举的开放政策

唐代有通过科举之路当上中国官员的外国人。其中，著名的有日本人阿倍仲麻吕。此人留唐50年，后改汉名晁衡。早在16岁时，阿倍仲麻吕就被选为遣唐留学生，经数年在华苦读，参加唐制科考，以优异成绩中进士，诗文俱佳。公元725年任洛阳司经校书，得到玄宗赏识，身旁侍奉，兼卫尉卿。安史之乱后，继续得到肃宗、代宗的信任，官至潞州都督（从二品）。

宋代，有高丽宾贡进士王彬、崔罕等及第。

中国历史上是从明代开始闭关锁国的。明代200多年，没有一个外国人能够在京居住，更谈不上入朝为官。

（八）清代人才事典

1. 魏源“师夷制夷”的人才思想

魏源，湖南邵阳人，道光进士，曾任高州知州等职，与龚自珍齐名。鸦片战争后，主张抗击外敌侵略，革新弊政。他的代表作为《海国图志》。在这本书里，他不仅介绍了西方的地理、历史、政治、经济、民族、宗教、社会情况，而且探究了对付外敌侵略的方法。尤其值得关注的是，他提出了“师夷之长技以制夷”的主张。他所讲的“长技”，不仅指西方的战舰、武器，而且包括西方的“养兵练兵之法”。这一口号，在中国近代史上，产生了极其重大的影响。

魏源在这本书中，还对资本主义发达的工商业，对英国的议会制度作了初步介绍。可以说，魏源的思想对后来的洋务运动、戊戌变法领导人物都产生过重要影响。特别值得一提的是，他的书传入日本后，促使日本由“锁国”变为“开国”，使一些人成为“明治维新”的关键人物。

2. 林则徐建立人才档案系统

林则徐这位中国近代史上的著名人物，之所以能够成就伟业，一个他人并不大知道的秘密就是建立人才系统档案。在清人《瞑庵杂识》中，记录有这样一件事：林文忠公则徐，才识宏远而学务缜密。每见客，必详问其生平及技能、嗜好，与所过山川风俗、所交豪杰。退即令记室籍之。凡四人，专司其事。宅中置大柜，函子箱十八，分省以藏籍，有所资考，按籍厘然。家居、在官常以搜访人才，周知庶务事，故所至事无不办。

林则徐还发明了快速查找到人名的方法：在装订成册的开口，斜面上下依次书写“千古江山”四字，以利查找。例如，欲查王姓某人，就在古字之中。

3. 八旗蜕变

按照清代制度规定，编入八旗的人户称为“旗人”，其子孙也算旗人。“八旗子弟，人皆为兵”。对八旗每三年进行一次调查，既防止外人混入，也防止旗人离开。入关之前，八旗为正规部队；入关之后，八旗又成为保卫清王朝的主要工具。一半驻守北京，一半驻防各大城市。由于入关后的八旗长期脱离战斗，所以不久就变成不能打仗的军队。顺治十四年（1657 年），顺治就承认八旗荒于武事，不能与昔日相比了。

八旗之所以走向衰退，首先在于他们全部被政府包养起来，脱离了生产劳动；其次就是无事生非，出入茶馆戏院，养鸟斗鸡，吸食鸦片，成为寄生虫。

为了解决八旗问题，清政府也采取了一些措施，包括在河北安置井田、在内蒙古开荒造屋和派人种地等，都不能奏效。习惯了懒散生活的八旗子弟，吃不了苦，纷纷往回逃跑，专收租息也不干活。

当年，曾经所向披靡的勇士部队，不到百年，就退化成无用之人。这再一次证明了孟子所言：“生于忧患，死于安乐”。这是一条千古不变的重要的人才发展规律。

附录：本书参考文献

1. 黄现璠等:《中国通史纲要》，中国国际广播出版社 2013 年版。

2. 钱穆:《中国历代政治得失》，生活·读书·新知三联书店 2012 年版。

3. 吕思勉:《中国制度史》，中国和平出版社 2014 年版。

4. 王惠岩等:《中国政治制度史》，吉林大学出版社 1989 年版。

5. 朱耀廷等:《中国人才史纲》，北京大学出版社 2012 年版。

6. 苗枫林:《中国用人史》，中华书局 2004 年版。

7. 楚刃:《中国古代人事制度改革研究》，中国社会出版社 2010 年版。

8. 程有为:《中国古代人事思想史》，中州古籍出版社 1996 年版。

9. 徐洪兴等:《中国历代王朝兴衰录·大宋王朝》，长春出版社、人民出版社 2013 年版。

10. 徐洪兴等:《中国历代王朝兴衰录·大清王朝》,长春出版社、人民出版社 2013 年版。

11. 刘勃:《战国五大公知》,人民日报出版社 2014 年版。

12. 潘剑冰:《疯狂的科举》,广东人民出版社 2013 年版。

13. 李之亮:《教科书里没有的宋史》,中华书局 2010 年版。

14. 展龙:《元明之际士大夫政治生态研究》,人民出版社 2013 年版。

15. 胡长明:《毛泽东评点历代王朝》,山西人民出版社 2011 年版。

16. 李春光:《中国人事史话》,中国人事出版社 2005 年版。

17. 汪元波:《中国古代士大夫的道义精神》,安徽人民出版社 2013 年版。

图书在版编目（CIP）数据

中国历代人才思想与制度简编 / 王通讯编著. —北京 : 党建读物出版社, 2024.6
（中国古代人才思想丛书）
ISBN 978-7-5099-1573-8

Ⅰ. ①中… Ⅱ. ①王… Ⅲ. ①人才学—思想史—中国 Ⅳ. ①C96-092

中国国家版本馆CIP数据核字（2024）第050402号

中国历代人才思想与制度简编
ZHONGGUO LIDAI RENCAI SIXIANG YU ZHIDU JIANBIAN
王通讯　编著

责任编辑：郭涛
责任校对：张学民
装帧设计：也在
出版发行：党建读物出版社
地　　址：北京市西城区西长安街 80 号东楼（邮编：100815）
网　　址：http://www.djcb71.com
电　　话：010-58589989 / 9947
经　　销：新华书店
印　　刷：北京中科印刷有限公司
2024 年 6 月第 1 版　2024 年 6 月第 1 次印刷
880 毫米 ×1230 毫米　32 开本　5 印张　87 千字
ISBN 978-7-5099-1573-8　定价：15.00 元
